知らないと恥をかく！
ネイティブ英語の常識175

小池直己　佐藤誠司

ソフトバンク新書
076

はじめに

本書は、社会人の皆さんが日常生活や仕事の中で英語を使う際に知っておきたい文法知識のうち、特に役立つものをQ＆A形式でまとめたものです。

「あなたの英語は間違っている」という内容の本は、既に多数出版されています。その中には、たとえばこう書かれているかもしれません。

「『アフターサービス』は、英語ではafter serviceではなくafter-sales serviceと言う」

こうした知識はそれなりに大切ですが、断片的であり、汎用性がありません。本書で取り上げるのは、このタイプの知識ではありません。英語という言葉の本質を理解するための大切なルールや、自然な英語を使うために心得ておくべき考え方を、重点的に解説しています。

本書の説明の中には、「学校英語」のワクを超えた、あるいは学校で習った知識を否定するような内容も含まれます。「学校英語は役に立たない」とは決して言いませんが、学校で習った知識だけでは、自然な英語を使いこなせるようにはなりません。本書の主な目的は、学校で学んだ文法知識を補完し、読者の「英語のセンス」を高めることにあります。

なお、本書には「次の英語は正しいですか？」という質問を多数含みますが、「正しさ」の判定は実に微妙です。たとえば学校英語では〈be different from＝～とは異なる〉という「熟語」を学びますが、実際の英語ではfromの代わりにtoやthanも使われます。では、われわれ日本人が英語を話すとき、My opinion is different to yours. のように言ってもかまわないのか？と問われれば、その答えは人によって違うでしょう。

本書では、辞書・文法書などの記述に加えて、筆者の周囲のネイティブ・スピーカーたちの意見を幅広く取り入れ、できるだけ最大公約数的な説明を試みています。しかし、ネイティブ同士の間でも、意見が分かれるケースはよくあります。英語力に自信のある読者、あるいは英語を教えることを仕事としている読者の中には、「この本にはこう書かれているが、それは間違いではないか？」という疑問を持たれる方もおられるかもしれません。

しかし、本書が目指すものは、そうしたいわば「文法マニア」的な議論ではありません。「日本人が実際に英語を使うに当たって、頭に入れておけば役に立つ知識」を紹介することが、本書の眼目です。一般読者が英語と日本語の発想の違いに関する理解を深め、幅広い「英語感覚」を身につけるために、本書は必ず役立つものと確信しています。

なお、本書の出版に当たり、ソフトバンク クリエイティブ／学芸書籍編集部の斎藤順氏には大変お世話になりました。改めて感謝の意を表します。

2008年春　小池直己　佐藤誠司

目次

PART1

文の組み立て方

　喫茶店でコーヒーを注文するとき、何と言いますか？そう、Coffee, please. ですね。しかし、日本人の中には、I am coffee. というトンデモ英語を口にして、失笑を買う人もいます。この章では、英文の「骨組み」を作る段階で日本人が特に間違えやすいポイントを、重点的に取り上げます。

001

「私の夢は社長になることです」の英訳として、次の文は正しいですか？

(a) My dream is a president.

答と解説

いいえ。次のように訂正する必要があります。

(b) My dream is *to become a president.*

(私の夢は社長になることです)

では、(a) はなぜ間違いなのでしょうか？

This is a pen. の形（第2文型）を思い出してみてください。〈A is B〉型の文でBが名詞の場合、isは「＝（イコール）」の記号を表すと考えてかまいません。一方、He is kind.（彼は親切だ）のように、Bが形容詞の場合もあります。

kindの名詞形はkindness（親切）ですが、He is kindness. とは言えません。「彼」（人間）と「親切」（抽象概念）とは、イコールの記号で結べないからです。

同じことは、(a) についても言えます。My dreamは抽象概念であり、a presidentは（社長という）人物を指します。したがって、〈A is B〉の形で両者を結びつけることはできないのです。Bを「社長になること」ときちんと表現すればAと対等の抽象概念になるので、(b) は正しい文です。

同様に、「私の仕事は技師です」を*My job* is an engineer. と直訳してはいけません。正しくは、*I'm* an engineer.です。

POINT

〈A is B（名詞）〉のAとBは、「対等の要素」にする。

002

「ここはどこですか」の英訳として、次の二つの文はどちらも正しいですか？

(a) Where *is here*?
(b) Where *am I*?

答と解説

(a) は誤り。正しいのは (b) だけです。

Where am I? またはWhere are we? という形で、「私(たち) はどこにいるのか」という意味の文を作ります。

では、(a) だとなぜ間違いなのでしょうか？それは、返答の文を考えればわかります。(b) の質問に対しては、たとえば次のような返答が考えられます。

(c) You are *at Ogikubo Station.*
(あなたは荻窪駅にいます)

下線部を尋ねる疑問文が、*Where* am I? です。一方 (a) の質問は、次のような返答を想定しています。

(d) Here is Ogikubo Station. (×)
(ここは荻窪駅です)

この返答は、文法的に成り立ちません。hereは副詞であり、主語には使えないからです。〈Here is 〜〉は「ここに〜がある」という意味で、次のように使います。

(e) Here is *my dictionary.*
(ここに私の辞書があります)

これに対する疑問文は*What* is here? (ここに何がありますか) であり、Where is here? ではありません。

POINT

疑問文の正しい形は、返答の文から判断できる。

003

「タイの首都はどこですか」の英訳として、次のどちらが適切ですか？

(a) *Where* is the capital of Thailand?
(b) *What* is the capital of Thailand?

答と解説

(a) は誤り。正しいのは (b) です。

前問と同様に、返答の文を考えてみましょう。

(c) The capital of Thailand is Bangkok.
(タイの首都はバンコクです)

この下線部を尋ねる疑問文を作ればよいわけです。Bangkokは**名詞**なので、what(疑問**代名詞**) で置き換えます。where (疑問副詞) は使えません。

ここで、次のような疑問を持つ人もいるかもしれません。「(a) に対する返答の文は、たとえばThe capital of Thailand is in Bangkok. となる。これは、正しい文ではないのか？」

しかし、capital (首都) は国家組織上の抽象概念ですから、「バンコクの中にある」のように場所として表現することはできません。次の文と比較してみましょう。

(d) *Where* is the Diet Building?
(国会議事堂はどこにありますか)

この場合の返答はたとえばIt's *in Kasumigaseki.* なので、Whereを使うのが正しいことがわかります。

POINT

疑問詞の形は、品詞の種類によって決まる。

004 Q

次の文は、前問の理屈と矛盾しませんか？

(a) *Where* are you from?（どちらのご出身ですか）

この答えはたとえばI'm from Kansai. だから、この下線部を尋ねる疑問文は*What* are you from? ではないでしょうか？

答と解説

理屈はそのとおりですが、この文ではWhereが正しく、Whatは誤りです。

疑問副詞のwhereには「どこで」「どこへ」などの意味はありますが、「どこから」という意味はありません。では、「どこから」の意味はどんな英語で表せばよいでしょうか? これをfrom whatと表現すると、「何から」の意味になってしまいます。結局、「どこから」はfrom whereで表すのが一番便利であることになります。

(b) *Where* are you going (*to*)?
（どちらへお出かけですか）

この例では、慣用的に文尾にtoをつける場合もあります。さらに短縮して、*Where to*? という言い方もできます。これらのWhereは、疑問代名詞です。次のwhenも同様です。

(c) *Since when* have you been working here?
（いつからここで働いていますか）

また、whereは「～する場所」の意味でも使われます。

(d) This is *where* I live. 〈where = the place where〉
（ここが私の住んでいる場所です）

POINT

疑問副詞を代名詞的に使う場合がある。

005

「どの店でカメラを買えばいいだろう」の英訳として、次の文は正しいですか？

(a) Which shop should I buy a camera?

答と解説

いいえ。次のように訂正する必要があります。

(b) *Which* shop should I buy a camera *from*?

これが最も普通の言い方ですが、次の形も可能です。

(c) *From which* shop should I buy a camera?

(a) が間違っている理由は、返答の文を考えればわかります。

(d) You should buy a camera from Sakuraya.

(君はサクラヤでカメラを買うのがいい)

この文のSakurayaを「どの店 (which shop)」という言葉に置き換えて疑問文を作ると、fromが残ります。このとき、from which shop (どの店で) をひとまとまりの疑問詞と考えれば、(c) の疑問文ができます。しかし、「前置詞＋疑問詞」を文の最初に置く言い方は堅苦しく響くため、口語では前置詞を最後に置いて、(b)のように言うことが多いのです。次の例でも、(e) の方が (e)' よりも普通の言い方です。

(e) *Who* was he killed *by*? (○)

(e)' *By whom* was he killed? (△)

(彼は誰に殺されたのか)

なお、(e) ではWhomよりもWhoを使うのが普通です。今日では、whomは疑問詞としても関係詞としてもあまり使われません。

POINT

前置詞と疑問代名詞の組み合わせに注意。

006

「この部屋のカギがどこにあるか知っていますか」の英訳として、次の文は正しいですか？

(a) Do you know where is the key of this room?

答と解説

いいえ。次のように訂正する必要があります。

(b) Do you know *where the key of this room is*?

疑問文は、〈V＋S〉の語順で表すのが原則です。しかし、「ある疑問文が別の文の一部として働く」ときは、〈S＋V〉の語順に戻ります。これを「**間接疑問**」と言います。

(c) I don't know *when he will come*.
　(彼がいつ来るのか私は知りません)

(d) Do you know *where she lives*?
　(彼女がどこに住んでいるのか知っていますか)

「この部屋のカギはどこにありますか」の英訳はWhere is the key of this room? であり、下線部は〈V＋S〉の語順になっています。これを間接疑問にすると、(b) のように〈S＋V〉の順に戻ります。

なお、次の例も間接疑問の一種です。

(e) I *have no idea* *why he quit his job*.
　(彼がなぜ仕事をやめたのか全く知りません)

(f) We were *at a loss* *what we should do next*.
　(次に何をすべきかと私たちは途方に暮れた)

POINT

疑問文が別の文の一部になると、〈S＋V〉の語順に戻る。

007

「タイの首都はどこだか知っていますか」の英訳として、次の二つの文のうちどちらが適切ですか？

(a) Do you know *what is* the capital of Thailand?
(b) Do you know *what* the capital of Thailand *is*?

答と解説

(b) です。

まず、次の疑問文を考えてみましょう。

(c) *What is* the capital of Thailand?

返答の文は、次の二つが可能です〈より普通なのは (d)〉。

(d) It's Bangkok. / (e) Bangkok is.

(c) でWhatが主語だと考えれば (e) の返答が、逆にthe capital of Thailandが主語だと考えれば (d) の返答になります。しかし、(c) の主語は後者と考えるのが合理的なのです。

一般に〈S is C〉型の文では、SよりもCの方が広い意味内容を持っています。だから、Tom is a student. とは言えても、A student is Tom. とは言えません。(c) の場合、明らかにWhatの方が広い意味を持っているので、〈What＝C〉と考えられます。What's your name? に対する返答がMy name is ○○.であることからも、WhatがCであることが理解できるでしょう。

したがって (c) の主語はthe capital of Thailandであり、間接疑問の正しい形は (b) となります。返答の文は (d) の方が普通ですが、(e) が可能なのは、中心的な情報であるBangkokを最初に言おうとする心理の現われと解釈できます。

POINT

〈What is ○○?〉型の文では、○○の方が主語。

008

「彼はいつ来ると思いますか」の英訳として、次の三つの文のうちどれが適切ですか？

(a) Do you think *when he will* come?
(b) *When* do you think *will he* come?
(c) *When* do you think *he will* come?

答と解説

(c) です。

(a)が誤りであることは、返答の文を考えればわかります。この質問の中心は、「いつ」という点にあり、Yes/Noで答えることはできません。したがって、Whenを文頭に置く形が選ばれます。

ところでこの文は、「疑問文の中にdo you thinkがはさみこまれたもの」と説明されることが時にあります。その説明だと「When ▲ will he come? の▲の部分にdo you thinkをはさみこむ」ことになり、(b)が正しい理屈になります。しかし、実際に正しい文は(c)です。

(c)の成り立ちは、次のように考えるとよいでしょう。

Do you think [when he will come]?

まず、when he will comeの部分を間接疑問とみなします（語順はS＋V）。この形から、「質問の焦点であるwhenが文頭に移動した」と考えれば、(c)の文が完成します。

POINT

〈疑問詞＋do you think〉に続く形は「S＋V」の語順。

009 Q

「セーターを着なさい」の英訳として、次の二つの文はどちらも正しいですか？

(a) *Wear* your sweater.
(b) *Put on* your sweater.

答と解説

(a) は誤り。正しいのは (b) だけです。

英語の動詞は、「動作動詞（〜する）」と「状態動詞（〜である）」とに大別できます。go, eat, singなど多くの動詞は動作動詞であり、have, live, knowなどは状態動詞です。

状態動詞には、次のような特徴があります。

①状態動詞は**進行形にしない**。
②状態動詞は**命令文にしない**。

(b) のput on（〜を身につける）は動作動詞ですが、(a) のwear（〜を身につけている）は状態動詞です。したがって、②のルールにより、(a) の命令文は誤りとなります。

ただし、①のルールは絶対的なものではありません。一時的な状態などを表す場合は、動作動詞も進行形にすることがあります。

(c) She *was wearing* a blue dress.
（彼女は青いドレスを着ていた）

この文は可能ですが、wearはあくまで状態動詞なので、「彼女は青いドレスを着つつあった」の意味にはなりません。

POINT

状態動詞は、普通進行形や命令文にはしない。

010

「何かにおいませんか」の英訳として、次の二つの文はどちらも正しいですか？

(a) Is something smelling?
(b) Can you smell something?

答と解説

(a) は誤り。正しいのは (b) だけです。

五感を表す動詞には、次のような二つの使い方があります。

(c) Something *smells* good.
(何かいいにおいがする)〈第2文型 (SVC)〉

(d) I can *smell* something burning.
(何か燃えているにおいがする)〈第3文型 (SVO)〉

(b) は、(d) と同じ用法なので正しい文です。(a) のようにsmellを第1文型 (SV) で使うことはできません。さらに、(c) (d) のsmellは状態動詞なので、進行形にできません。その点で (a) は誤りです。ただし、smellには「～のにおいをかぐ」の意味もあり、このときは進行形にできます。

(e) The baby *is smelling* the soap.
(赤ん坊は石けんのにおいをかいでいる)

なお、taste, feelなどもsmellと同様に使います。

(f) This cloth *feels* soft.
(この布は手触りが柔らかい)〈第2文型〉

(g) The doctor *felt* my pulse.
(医者は私の脈を (触って) みた)〈第3文型〉

POINT

smell・taste・feelは、第2・第3文型で使う。

011

「彼はずっと黙っていた」の英訳として、次の二つの文はどちらも正しいですか？

(a) He remained *silent.*
(b) He remained *silence.*

答と解説

(b) は誤り。正しいのは (a) だけです。

「彼は黙っていた」は、次のようにも表せます。

(c) He kept *silent.* (○) / (d) He kept *silence.* (○)

(c) は第2文型 (SVC) で、keepは「～のままである」の意味です。一般に第2文型では、Vをbe動詞に置き換えても文が成り立ちます。He *was* silent. (彼は黙っていた) →He *kept* silent. (彼は黙ったままだった) のような関係です。

(c) のsilent (黙っている) は形容詞ですが、(d) のsilence (沈黙) は名詞です。(d) は第3文型 (SVO) で、「彼は沈黙を続けた」の意味です。keepは第2・3文型のどちらにも使えるので、(c) (d) はどちらも正しいのです。

一方、remain (～のままである) は、第3文型では使えない動詞です。したがって、(b) は誤りとなります。

基本動詞はたいてい、複数の文型で使うことができます。

(e) The signal *turned red.* (信号が赤に変わった)

(f) I *turned the corner.* (私はその角を曲がった)

(e) は第2文型、(f) は第3文型です。使える文型は動詞ごとに決まっているので、一つずつ覚えていく必要があります。

POINT

どの文型が使えるかは、動詞によって異なる。

012

「私は壁を白く塗った」の英訳として、次の二つの文はどちらも正しいですか？

(a) I painted *the white wall.*
(b) I painted *the wall white.*

答と解説

(a) は誤り。正しいのは (b) だけです。

(a) は「私は白い壁にペンキを塗った」の意味であり、何色のペンキを塗ったかはわかりません。

(b) は第5文型 (SVOC) の文です。O (the wall) とC (white) の間にThe wall is white. という主述関係が成り立っており、Cは「動作の結果」を表します。つまり (b) は「塗った結果壁が白くなった」ということです。次の例も同様です。

(c) He kicked *the door open.*
(彼はドアを蹴って開けた)

(d) I drank *myself sick* on wine.
(ワインを飲みすぎて気分が悪くなった)

次の例では、Cは動作と同時の関係になっています。

(e) I prefer *my coffee black.*
(コーヒーはブラックで飲むのが好きです)

いずれにしても、第5文型では「OがCである［Cする］」という関係が成り立ち、CはOの後ろに置く点に注意しましょう。たとえば (c) でHe kicked the *open door.* と言えば、「彼は開いたドアを蹴った」という全く別の意味になります。

POINT

SVOCの形では、OとCの並べ方に注意。

013

「私は免許を取り上げられるかもしれない」の英訳として、次の文は正しいですか？

(a) I may be taken away my driver's license.

答と解説

いいえ。正しくありません。

正しい言い方は、次のようになります。

(b) I may *have* my driver's license *taken away.*

take awayは「～を取り上げる」という意味なので、次のような受動態の文は可能です。

(c) My driver's license may *be taken away.*

この文をIを主語にして表現した文が、(b) です。文法書によく出てくる「私はサイフを盗まれた」という文と同じです。

(d) I *had* my *purse stolen*. (○)

(e) I was stolen my purse. (×)

「(e) に相当する能動態 (Someone stole me my purse. のような文) は作れないので、(e) も誤りである」というのが一般的な説明です。意味の上からも考えてみましょう。

(f) I *was asked* a difficult question.
(私は難しい質問をされた)

(f) のI was asked (私は尋ねられた) には、意味の面での違和感がありません。しかし (e) のI was stolen (私は盗まれた) には、私という人間が盗みの対象となったような響きがあります。(e) や (a) が不自然なのはそのためです。

このパターンは、次のように覚えておくとよいでしょう。

POINT

have＋物＋過去分詞＝自分の持ち物を～される

014

「私は自転車を盗まれた」の英訳として、次の二つの文はどちらも正しいですか？

(a) I *had* my bicycle stolen.
(b) I *got* my bicycle stolen.

答と解説

(b) も文法的には成り立ちますが、(a) の方が普通の言い方です。

前問で見たとおり、(a) は正しい言い方です。〈have/get＋O＋過去分詞〉の形について、getとhaveはしばしば交換可能です。

(c) I *got* ［*had*］ my car *fixed* last week.
（先週車を修理してもらった）

一方、そうでない場合もあります。たとえば「Oを～の状態にさせる」の意味ではgetのみが可能です。

(d) I can't *get* ［×have］ the engine *started.*
（エンジンがかからない）

また、「被害」の意味を表す場合は、haveとgetはしばしば次のように使い分けます（ただし例外もあります）。

- have＋O＋過去分詞＝自分の**持ち物**を～される
- get＋O＋過去分詞＝自分の**体の一部**を～される

このルールに照らせば、(b) よりも (a) が普通だと言えます。

POINT
〈have/get＋物＋過去分詞〉の形では、haveとgetのどちらか一方しか使えない場合がある。

015 Q

「私はその事故で足を骨折した」の英訳として、次の三つの文はどれも正しいですか？

(a) I *broke* my leg in the accident.
(b) I *got* my leg *broken* in the accident.
(c) I *had* my leg *broken* in the accident.

答と解説

(c) は不自然であり、(a) または (b) が普通の言い方です。

(a) は「自分（の不注意）で足を折った」という意味に感じられるかもしれませんが、これで問題ありません。I injured my arm.（私は腕にけがをした）なども同様です。(a) と (b) を比べると、より簡潔な (a) を使う人が多いようです。

なお、前問でも説明したとおり、(c) は不自然な表現です。I *had* my leg *broken*. は「私は足を折ってもらった」のように（逆にI *got* my bicycle *stolen*. は「私は自転車を盗んでもらった」のように）響く、と言うネイティブもいます。次の例も同様です。

(d) I *got*［×had］my fingers *caught* in the door.
（ドアに指をはさまれた）

なお、haveとgetについては次の用法も重要です。

(e) I'll *have* someone *carry* this baggage.
= I'll *get* someone *to carry* this baggage.
（誰かにこの荷物を運ばせ［運んでもらい］ます）

POINT

「足を骨折する」はbreak one's legと簡潔に表せる。

016

「水平線に日が沈むのが見えた」の英訳として、次の二つの文はどちらも正しいですか？

(a) We *saw* the sun *setting* below the horizon.
(b) We *saw* the sun *was setting* below the horizon.

答と解説

(b) は誤り。正しいのは (a) だけです。

seeは知覚動詞の一種であり、〈see＋O＋～ing〉の形で「Oが～しているのが見える」の意味を表します。〈see＋that節〉の形も文法的には成り立ちますが、この場合のseeは「わかる、理解する」の意味なので、(b) のようには使えません。

別の角度から説明してみましょう。(a) ではsaw the sunの部分が「太陽が見えた」という直接的な知覚を表しており、setting以下はその補足説明になっています。一方、(b) ではsawの後ろに意味の切れ目があり、the sun *was setting* below the horizonの部分が「太陽は地平線に沈みつつあった」というひとまとまりの意味を形成します。

一般に過去進行形は、「過去のある時点」を特定して、その時点で進行中の動作などを表します。次の例はその典型です。

(c) I *was taking* a bath <u>when he called me.</u>
（彼が電話してきたとき、私は入浴中だった）

(b) には、(c) の下線部に相当する「過去のある時点」が示されていません。だから「不完全な文」という印象を与えるのです。

POINT

知覚動詞（seeなど）の後に〈S＋V〉の形は置かない。

017 Q

「このCDは三千円しました」の英訳として、次の二つの文はどちらも正しいですか？

(a) This CD cost *me* 3,000 yen.
(b) This CD cost 3,000 yen *to me*.

答と解説

(b) は誤り。正しいのは (a) だけです。

(a) は、第4文型 (SVOO) です。一般に第4文型の文では、二つのOを入れ換えることができます。

(c) send *her* a letter → send a letter *to her*
（彼女に手紙を送る）

(d) bake *him* a cake → bake a cake *for him*
（彼のためにケーキを焼く）

(c) と (d) の前置詞の違いは、次のように説明されます。

- **相手が必要な動作**を表す動詞 ⇒ **to**を使う。
- **一人でできる動作**を表す動詞 ⇒ **for**を使う。

ここまでは、高校の文法の授業で習います。しかし、第4文型の動詞の中には、(c) や (d) のような言い換えができないものもあります。それはcost, envy, saveなどです。

(e) This computer has *saved us a lot of work.*
（このコンピュータのおかげで手間がだいぶ省けた）

この文を、たとえば ～ saved a lot of work for usのように言い換えることはできません。

POINT

SVOOの二つのOを入れ換えることのできない動詞がある。

018

「この単語の意味を私に説明してください」の英訳として、次の文は正しいですか？

(a) Explain me the meaning of this word, please.

答と解説

いいえ。meの前にtoが必要です。

「SVOOの形で使えそうにも思えるが、実際はその形をとることのできない動詞」があります。

(b) explain *the rules to them* [×explain them the rules]
(彼らにルールを説明する)

「A (人) にB (事柄) を説明する」は、〈**explain B to A**〉のように表すのが正しく、〈explain A B〉とは言えません。Bが長い語句の場合は、〈explain to A B〉のようにto Aを前に置きます。(a) はその形に相当し、meの前にtoが必要です。次のような動詞についても、前置詞をつけ忘れやすいので注意してください。

(c) You should **apologize** *to him* for your rudeness.
(君は自分の非礼を彼にわびる方がいい)

(d) He **complained** *to me* that the room was too hot.
(部屋が暑すぎる、と彼は私に苦情を言った)

(e) She **suggested** *to him* that he should buy a new car.
(新車を買ってはどうか、と彼女は彼に言った)

POINT

explainなど、SVOOの形に使えそうなのに、実際には使えない動詞がある。

019

Q

「列車はもう出ました、と私は言われた」の英訳として、次の文は正しいですか？

(a) I was said that the train had already left.

答と解説

いいえ。次のように訂正する必要があります。

(b) I was *told* that the train had already left.

Q13 と同様に、受動態の作り方を考えます。たとえば「列車はもう出ました、と駅員は私に言った」を英訳すると、次のようになります。

(c) The station attendant told me that the train had already left.

この文の me を主語にした受動態は、こうなります。

(c)' I was *told* (by the station attendant) that ～.

カッコ内を省略すると、(b) の文ができます。

一方、(a) に相当する能動態は、次の文です。

(a)' The station attendant said me that the train had already left. (×)

この文は、誤りです。〈say＋人＋that ～〉という形は正しくないからです。したがって、(a) も誤りとなります。

なお、**tell**のように〈**V＋人＋that節**〉の形をとる動詞は、**inform**（知らせる）, **remind**（思い出させる）, **persuade**（説得する）, **warn**（警告する）など少数にすぎません。

POINT

受動態の正誤は、対応する能動態を考えることによって判断できる。

020 Q

「日本では、ほとんどの家にテレビがある」の英訳として、次の二つの文はどちらも正しいですか？

(a) Most houses have televisions *in Japan*.
(b) Most houses *in Japan* have televisions.

答と解説

はい、どちらも正しい文です。

前置詞で始まる語句は、「近くにあるもの」を修飾するのが原則です。したがって (a) のin Japan (副詞句) はhaveを修飾し、「(世界中の) ほとんどの家は、日本にテレビを持っている」と解釈される可能性が、理屈の上ではあります。しかし、常識的に考えればそんな解釈をする人はいませんから、(a) のように言ってもかまいません。

一方 (b) はin Japan (形容詞句) がMost housesを修飾しており、「日本のほとんどの家は〜」と解釈できます。

以下は (b) 型、つまり前置詞句が前の名詞を修飾する例です。

(c) I'm speaking of young people *in general*.
(私は若者一般のことを言っているのです)

(d) A man *with a stick* is standing at the gate.
(門のところにつえをついた男性が立っている)

(d) のwith a stickは、manを修飾しています。これをA man is standing *with a stick* at the gate. と言うと、「男性が門のところにつえをついて立っている」の意味になり、with a stickはstandingを修飾することになります。

POINT

修飾語句は「一番近くのもの」を修飾するのが原則。

021 Q

「彼が話していた映画をきのう見たよ」の英訳として、次の文は正しいですか？

(a) I saw the movie he talked about yesterday.

答と解説

誤りではありませんが、誤解を避けるためには次のように訂正する方が適切です。

(b) *Yesterday* I saw the movie he talked about.

元の文で、話し手は次のような意味を表す文を作ろうとしています。

- I saw the movie he talked about yesterday.

しかし、この文は次のように解釈する方が自然です。

- I saw the movie he talked about yesterday.

この解釈の場合、「彼がきのう話していた映画を（今日）見たよ」という意味になります。前問と同じ理屈で、yesterdayが遠くのsawではなく近くのtalkedを修飾することになるからです。元の文でも「yesterdayがsawを修飾する」という解釈ができないわけではありません。しかし、紛らわしさを取り除くためにはyesterdayを文頭に置くのがベターです。

なお、I saw the movie yesterday he talked about. の語順は誤りです。

POINT

副詞（句）の位置によって誤解が生じないよう注意！

022

「私はきのうその本屋で彼女に会った」の英訳として、次の二つの文はどちらも正しいですか？

(a) I met her *at the bookshop yesterday.*
(b) I met her *yesterday at the bookshop.*

答と解説

(b) も間違いではありませんが、(a) の方が普通です。

この質問は、「副詞（句）を並べる順番」に関連しています。文の最後に複数の副詞（句）を置く場合、(a) のように「場所＋時」の順に並べるのが普通です。また、「単位の小さいものが前」という原則があります。

(c) I met her *at a restaurant in Shinjuku.*
（私は新宿のレストランで彼女と会った）

(d) I came home *late at night yesterday.*
（私は昨晩遅く帰宅した）

なお、頻度を表す副詞（sometimes, often, usually, always, seldom, neverなど）は、「一般動詞の前」または「be動詞・助動詞の後ろ」に置くのが普通です。

(e) I *often* forget my password.
（私は時々自分のパスワードを忘れる）

(f) I've *always* wanted to see you.
（私はいつもあなたに会いたいと思っていました）

ただし、これらの語順は絶対的なものではなく、たとえば (e) のoftenをvery oftenに変えると、文末に置くのが自然な言い方です（I forget my password very often.）。

POINT

文末の副詞（句）は「場所＋時」の順に並べる。

023

「計画を立てるのは簡単だが、それを実行するのは難しい」の英訳として、次の文は正しいですか？

(a) Making a plan is easy, but carrying out is difficult.

答と解説

いいえ。次のように訂正する必要があります。

(b) Making a plan is easy, but carrying *it* out is difficult.

つまり、「計画を立てるのは簡単だが、それを実行することは難しい」という形にしなければなりません。

では、itが欠けている文は、なぜ誤りなのでしょうか？それは、carry out（実行する）が「他動詞」だからです。

動詞は、自動詞と他動詞とに大別できます。

自動詞の例	**walk**（歩く）、**come**（来る）、**die**（死ぬ）
他動詞の例	**make**（作る）、**buy**（買う）、**get**（手に入れる）

自動詞は、He *died.*（彼は死んだ）のように、それだけで意味を成り立たせることができます。一方他動詞は、その動作の対象となる言葉（目的語）を必要とします。たとえばHe got.（彼は手に入れた）では意味が通じず、He got *the money.* などの言葉を補わねばなりません。

carry outはこれで1つの他動詞なので、たとえばI carried out.（私は実行した）では意味をなさず、「何を？」に当たる言葉が必要です。「それを実行する」は、carry *it* outの語順になる点にも注意してください（→Q166）。

POINT

他動詞には常に目的語が必要！

024

「このコーヒーは熱くて飲めない」の英訳として、次の二つの文はどちらも正しいですか？

(a) This coffee is *so hot that I can't drink it.*
(b) This coffee is *too hot to drink it.*

答と解説

(a) は正しい文ですが、(b) の最後のitは不要です。

(a) は前問と同様に、「このコーヒーはとても熱いので、私はそれを飲むことができない」となります。一方 (b) の直訳は「このコーヒーは、それを飲むには熱すぎる」です。この日本語は、どこか不自然な感じがしませんか？「このコーヒーは、飲むには熱すぎる」で十分ですね。だから英語にもitは不要なのだ、と考えてかまいません。次の例も同様です。

(c) This book is easy enough for children *to read* ~~it~~.
(この本は子供が読めるくらい簡単だ)

ただし、(b) と同じ構造の文でも主語が「人」のときは、最後に目的語を置くことがあります。

(d) He ran too fast for me *to catch* (*him*).
(彼は走るのが速すぎて私には追いつけなかった)

また、次の形にも注意してください(→Q51)。

(e) The question is hard to *answer* ~~it~~.
(その質問には答えにくい)

POINT

tooやenoughを使った不定詞構文では、主語が文末の動詞の目的語を兼ねる。

025 Q

「私には新車を買うお金がない」の英訳として、次の二つの文はどちらも正しいですか？

(a) I have no money *to buy a new car.*
(b) I have no money *to buy a new car with.*

答と解説

はい。どちらも正しい文です。

次の二つの形を比較してみましょう。

(c) a book *to read*（読むための本）

(d) a reason *to study*（勉強するための理由）

(c) では「book＝readの目的語」という関係が成り立っていますが、(d) では「reason≠studyの目的語」です。(a) は (d) に、(b) は (c) にそれぞれ対応する表現と言えます。

参考までに、次の例も挙げておきます。

(e) a house *to live in*（住むための家）

(f) a place *to live*（*in*）（住むための場所）

(e) ではinが常に必要ですが、(f) のinは省略することもできます。a place to liveは、money to buy a new carと同様の言い方です。(f) の場合だけinが省略できるのは、placeの語法の一種と考えてください。

(g) a basket *to put the eggs in*（その卵を入れるかご）

このinは省略できません。put the eggsだけだと「卵を置く」という意味にしかならないからです。

POINT

〈名詞＋to不定詞〉の形では、最後の前置詞を省略できる場合もある。

026 Q

「君が金を貸した男は誰だ」の英訳として、次の二つの文はどちらも正しいですか？

(a) Who is the man *you lent your money*?
(b) Who is the man *you lent your money to*?

答と解説

(a) も文法的には成り立ちますが、(b) の方が普通の言い方です。

第4文型 (SVOO) を作る動詞は、普通次のどちらかの形で使います。

①V＋ 人 ＋物
②V＋物＋ to［for］＋人

このとき、「人 (＝間接目的語)」がVの前に置かれるような構造の文は、②の形で (前置詞を伴って) 使われることが多いのです。例を二つ挙げておきます。

(c) *Who* (*m*) did you send the e-mail *to*?
(君はそのメールを誰に送ったのか)

(d) It was *to him* that I sent an e-mail.
(私がメールを送ったのは彼にです)

(c) ではWho (m) がsendよりも前に、また (d) (強調構文) ではhimがsentよりも前に置かれています。こうしたケースでは、toをつけるのが普通です。(c) (d) でtoのない文は、不自然に響きます。

POINT

give型の動詞で「人」が動詞よりも前に置かれるときは、前置詞をつけることが多い。

027

「ステージで歌っている女の子は誰ですか」の英訳として、次の二つの文はどちらも正しいですか？

(a) Who is the girl *singing* on the stage?
(b) Who is the *singing* girl on the stage?

答と解説

(b) は誤り。正しいのは (a) だけです。

(a) の構造は、次のようになっています。

Who is *the girl* singing on the stage ?

日本語で考えても、「ステージの上で歌っている」＋「女の子」となります。つまり、singing on the stageがひとまとまりでgirlを説明（修飾）しているのです。この形から、singingだけをgirlの前に移動させることはできません。

a *sleeping* baby（眠っている赤ん坊）やa *broken* window（壊れた窓）のように、一語の分詞は名詞の前に置くことができます。一方「二語以上から成る分詞句」が名詞を修飾するときは、それらをまとめて名詞の後ろに置きます。

このことは、たとえばa girl *five years old*（5歳の女の子）のように、形容詞句にも原則として当てはまります。ただし形容詞句の場合は、次のような言い換えが可能なものもあります。

(c) tools *necessary for cooking*
→ *necessary* tools *for cooking*（料理に必要な道具）

POINT

名詞を修飾する分詞句は、まとめて名詞の後ろに置く。

028 Q

「その眠っている赤ん坊は私の息子です」の英訳として、次の二つの文はどちらも正しいですか？

(a) *The sleeping baby* is my son.
(b) *The baby sleeping* is my son.

答と解説

はい。どちらも正しい文です。

「(b) の形も正しい」という点に注意してください。学校文法では普通、「一語の分詞が名詞を修飾するときは、その分詞を名詞の前に置く」と習います。a *broken* glass (割れたコップ)など過去分詞についてはそれで問題ありませんが、現在分詞の場合は事情が違います。

たとえば、次の文の空欄に言葉を入れる場合を考えてみましょう。

(c) Look at the ＿＿＿＿. (＿＿＿＿を見なさい)

○△×は、ネイティブ・スピーカーによる許容度です。

・*sleeping* baby (○) / baby *sleeping* (○)
・*singing* girl (△) / girl *singing* (○)
・*swimming* boy (×) / boy *swimming* (○)
・*playing* children (×) / children *playing* (○)

そもそも現在分詞が一語で名詞を修飾すること自体、あまり普通ではありません。実際にそうする場合でも、〈名詞＋～ing〉の形は許容されます。一方〈～ing＋名詞〉の形は、「動き」に関係する度合いが強いほど許容度が下がるようです。the *running* boyなどの形は使わないようにしましょう。

POINT

〈～ing＋名詞〉の形は、なるべく使わない。

029

「健康を保つためには十分な睡眠が必要だ」の英訳として、次の文は正しいですか？

(a) You need enough sleep for keeping your health.

答と解説

いいえ。次のどちらかに訂正する必要があります。

(b) You need enough sleep *to keep* your health.

(c) Enough sleep *is necessary for* (keeping) your health.

次の例も同様です。

(d) I worked hard *to pass* [×for passing] the exam.

(私は試験に合格するために熱心に勉強した)

to不定詞は一般に「～するために」(目的) の意味を表すことができます。しかし、to不定詞の代わりに〈for＋～ing〉の形を使うことは、原則としてできません。

たとえば、go broad to study (留学する) やgo to the sea to swim (海へ泳ぎに行く) の下線部を、日本人はfor studying [swimming] と言いがちですが、それらも英語としては誤りです。

なお、forが前の形容詞と結びついている場合は、正しい表現となります。

(e) This poem is *suitable for learning* by heart.

(この詩は暗記するのに適している)

「～するために」の意味は、原則としてto不定詞で表すよう心がけましょう。

POINT

「～するために」の意味を〈for＋～ing〉の形で表すことはできない。

030

「私は列車に乗り遅れないように駅へ走って行った」の英訳として、次の文はどちらも正しいですか?

(a) I ran to the station *not to miss* the train.
(b) I ran to the station *in order not to miss* the train.

答と解説

(a) は誤り。正しいのは (b) だけです。

(c) I ran to the station *to catch* the train.
(列車に間に合うように駅へ走って行った)

これはもちろん正しい文です。では、前にnotのついた「不定詞の否定形」の場合はどうでしょうか?

この形が「~しないために」の意味を表す例はあります。

(d) Be careful *not to get* fat.
(太らないように気をつけなさい)

(e) Try *not to be* late.
(遅れないようにしなさい)

これらは〈be careful + to不定詞〉や〈try + to不定詞〉の形がもとになっています。しかし、次の文は誤りです。

(f) I skip lunch *not to get* fat. (×)
(私は太らないように昼食を抜いている)

「~しないために」(目的) の意味を明確に表すには、次のようにする必要があります。

(g) I skip lunch *in order not to get* fat.
(h) I skip lunch *so that I won't get* fat.

POINT

「~しないために」の意味を、いつでも〈not+to不定詞〉の形で表せるわけではない。

031

「彼女はその知らせを聞いて泣き出した」の英訳として、次の二つの文はどちらも正しいですか？

(a) She began to cry *to hear* the news.
(b) She began to cry *when she heard* the news.

答と解説

(a) は誤り。正しいのは (b) だけです。

不定詞には「感情の原因」を表す（副詞）用法があります。

(c) They were glad *to hear* the news.
（彼らはその知らせを聞いて喜んだ）

(d) He got angry *to see* his daughter smoking.
（彼は自分の娘がたばこをすうのを見て怒った）

これらの例からわかるとおり、この用法の不定詞は「感情を表す形容詞」の後ろに置くのが普通です。(a) のcry（泣く）は形容詞ではないので、不定詞を続けることはできません。

なお、sorryに続く不定詞についても見ておきます。

(e) I'm sorry *to say* I can't help you.
（申し訳ありませんがあなたをお助けできません）

「すまなく思う」の意味のsorryに続くto不定詞は、未来のことがらを表すのが普通です。したがって、「遅れてすいません」をI'm sorry *to be* late. のように言うのは不自然です（自然な英訳は、(I'm) sorry I'm late.）。ただし、完了形の不定詞を使った次のような文は可能です。

(f) I'm sorry *to have kept* you waiting.
（お待たせしてすいません）

POINT

「感情の原因」を表す不定詞の前には形容詞を置く。

032

「ここが私の生まれた家です」の英訳として、次の三つの文はどれも正しいですか？

(a) This is the house *where I was born.*
(b) This is the house *that I was born.*
(c) This is the house *I was born.*

答と解説

正しいのは (a) だけです。(b) (c) は誤りですが、最後にinを加えれば正しい文になります。

この質問の焦点は、「thatを関係副詞の代わりに使えるか？」ということです。結論を言えば、少なくともwhereの代わりにthatを使うのは避けるべきです。

time・dayなどに続くwhenや、reasonに続くwhyの代わりにthatが使われることはあります。

(e) the day (that) he died (彼が死んだ日)

(f) the reason (that) he lost his job (彼が失職した理由)

これらのthatは、口語ではしばしば省略されます。また、次のような慣用表現では必ずthatを使います。

(g) *This is the first time* (that [×when]) I've ever been here. (ここへ来るのがこれが初めてです)

また、the *place* that I live (私の住んでいる場所) は正しいとされています。しかし、「先行詞がhouseならthatは不可、placeなら可」といった区別を日本人が感覚的に行うことは難しいので、thatを関係副詞として使うのは避ける方がよいでしょう。

POINT

thatを関係副詞の代わりとして使うのは危険！

033

「彼には早く元気になってほしい」の英訳として、次の二つの文はどちらも正しいですか？

(a) I *hope that* he will get better soon.
(b) I *hope* him *to* get better soon.

答と解説

(b) は誤り。正しいのは (a) だけです。

wantとhopeは意味の似た動詞ですが、後ろに置く形は違います。上の二つの文のhopeをwantに置き換えると、「(a) は不可、(b) は可」という正反対の結果になります。

このことは、重要な事実を反映しています。〈+that節〉と〈+O+to不定詞〉の両方の形が使える動詞は少数であり、多くの動詞はどちらか一方の形しか使えないのです。

want型〈+O+to不定詞〉	like, help, force, tell, advise, persuade, allow, enable
hope型〈+that節〉	remember, say, understand, think, demand, suggest, insist
両方可能	ask, expect, request, wish

したがって、たとえば次の文は誤りです。

(c) We don't allow that you smoke here. (×)
(ここでは禁煙です)

(d) I demanded him to pay the money. (×)
(私はその金を払うよう彼に要求した)

POINT
〈+that節〉と〈+O+to不定詞〉の両方の形で使える動詞は少ない。

034 Q

「南国の人々は辛い料理を好むという傾向がある」の英訳として、次の文は正しいですか？

(a) People in tropical countries have a tendency that they like hot dishes.

答と解説

いいえ。thatの使い方が間違いです。

次のように訂正すれば、正しい文になります。

(b) People in tropical countries *tend to* like hot dishes.

〈tend＋to不定詞〉は「～する傾向がある」の意味です。

(a) の誤りの原因は、「～という傾向」という日本語を、〈tendency *that* ～〉という形で表そうとした点にあります。「名詞＋that節」が「～という○○」という意味になるとき、このthatを「同格のthat」と言います。

(c) The news *that he died* surprised them.
(彼が死んだという知らせは彼らを驚かせた)

(d) There is little chance *that he will succeed.*
(彼が成功する見込みはほとんどない)

同格のthatを続けることができるのは、事実・情報・思考・可能性などを表す名詞（例：**fact, news, information, idea, opinion, chance, possibility**）に限られます。

「～という○○」という日本語につられて、これら以外の名詞の後ろに同格のthat節を誤って続けないように注意しましょう。

POINT

同格のthat節を続けてよい名詞は限られる。

ネイティブ英語の常識テスト①

次のそれぞれの英文に誤り、または不適切な箇所があれば、訂正してください。なければ○をつけてください。

(1) 息子は慶応大学の学生です。
My son is a student of Keio University.

(2) あなたの住所はどこですか。
Where is your address?

(3) いつがご都合よろしいですか。
When is convenient for you?

(4) もう少しお金があったらなあ。
I wish I had money a little more.

(5) このスープはとてもいい味だ。
This soup tastes very well.

(6) 彼らには今、水と食物が必要だ。
Water and food is necessary for them now.

(7) これは何の写真ですか。
What is this a photo of?

(8) この魚は英語でどう言いますか。
How do you call this fish in English?

(9) 森田氏のように英語が話せたらなあ。
I wish I could speak English as Mr. Morita.

(10) 彼がそんなミスをすることはめったにない。
It is seldom that he makes such mistakes.

ネイティブ英語の常識テスト①・解答

(1)【正解】of → at

このatは「活動の場」を表します。ただしstudentが「研究家」の意味を表すときは、a student *of* Shakespeareのようにofを使います。また、「英語の教師」はa teacher *of* Englishですが、「その高校の教師」はa teacher *at* the high schoolと言います。

(2)【正解】where → what

返答の文はMy address is △. のようになり、△には「〜町〜番地」のような名詞が入ります。したがって、この名詞をwhereで尋ねることはできません。

(3)【正解】○

返答の文として、*Friday* is (convenient for me). のような文が考えられます。Fridayは名詞なので本来は副詞のwhenで尋ねることはできないはずですが、この文ではwhenが名詞的に使われています。(2) と (3) とは一見矛盾していますが、慣用として覚えておいてください。

(4)【正解】moneyを文の最後に移動させる。

ここではmoreはmuchの比較級で、much moneyのような形でmoneyを修飾します。したがって「もう少しのお金」は、a little more moneyが正しい語順です。

(5)【正解】well → good

〈taste＋C (形容詞)〉の形で「〜の味がする」の意味を表します。形容詞のwellは「健康だ」の意味なので、ここでは使えません。「おいしい」はgoodです。

(6)【正解】is → are

waterもfoodも「数えられない名詞」です。しかし、不可算名詞でも〈A and B〉の形になれば、動詞は複数で受けるのが原則です。

(7)【正解】○

返答の文は、たとえばIt's a photo of a flower.（それは花の写真です）となります。下線部をwhatで尋ねる形なので、これは正しい文です。

(8)【正解】How → What

返答の文は、たとえばWe call it a tuna.（私たちはそれをtuna（マグロ）と呼びます）のようになります。下線部は名詞なので、疑問代名詞のwhatで尋ねます。

(9)【正解】as → as well as

as Mr. Moritaだと、asは前置詞と解釈されるので、「森田氏として英語が話せたらなあ」という不自然な意味になります。as well as Mr. Morita（森田氏と同じくらい上手に）と表現するのがベターです。

(10)【正解】○

seldom（めったに～ない）は副詞なので、文頭のItを形式主語と考えると文法的な説明がつきません。この文は強調構文だと考えれば、正しいことがわかります。

PART2

日本人が誤りやすい「語法」

「けさ」はthis morningですが、「今夜」はtonightであり、this nightとは言いません。個々の単語にはそれぞれ違った用法があり、意味がほとんど同じ単語であっても使い方が同じであるとは限りません。この章では、基本的な動詞や形容詞などの語法を取り上げ、ある言い方が「誤り」なのはなぜか？ という点まで掘り下げて説明していきます。

035 Q

「彼は転職するらしい」の英訳として、次の文は正しいですか？

(a) He seems *to change* his job.

答と解説

いいえ。次のどれかに訂正する必要があります。

(b) He seems *to be changing* his job.

(c) He seems *to be going to change* his job.

(d) *It* seems *that he will change* his job.

〈seem＋to不定詞〉（～らしい、～のように思われる）の形では、toの後ろに置けるのは「be動詞または状態動詞」に限られます。change（変える）は動作動詞なので、seem to changeとは言えません。(b)(c)のようにseem to beという形にすればOKです。

次の例も同様です。

(e) It seems *to be raining* [×to rain] outside.
（外は雨らしい）

(f) He is said *to be leaving* [×to leave] the hospital soon.
（彼はもうすぐ退院するそうだ）

なお、seemやbe saidの後ろに〈to＋have＋過去分詞〉の形を置く場合は、動作動詞でもかまいません。

(g) He seems [is said] *to have changed* his job.
（彼は転職したらしい［そうだ］）

POINT

〈seem＋to不定詞〉の形で「～するらしい」という未来の推量を表すことはできない。

036 Q

「彼女はプロの歌手らしい」の英訳として、次の二つの文はどちらも可能ですか？

(a) She *appears to be* a professional singer.
(b) She *appears* a professional singer.

答と解説

(b) は誤り。正しいのは (a) だけです。

学校文法では普通、「補語の前のto beは省略できる」とされています。

(c) I think him (*to be*) an excellent player.
(彼は名選手だと思う)

(d) I found the film (*to be*) very exciting.
(その映画はとてもわくわくした)

これらの例では、to beは普通省略されます。一方、appearやseemの場合は、少し事情が違います。

(e) The problem seems [appears] (*to be*) difficult.
(その問題は難しそうだ)

(e) のto beは省略できますが、(a) のto beは省略できません。**〈seem [appear] + to be + 名詞〉**のときは、原則としてto beが必要だと覚えておきましょう。また、to beの後の形容詞がtrueなど**「程度の差」を伴わない** (veryで修飾できない) **ものの場合**は、to beは省略できません。beが進行形や受動態の一部である場合 (例：It seems *to be* raining.) も、to beは省略不可です。

POINT

補語の前のto beが常に省略可能とは限らない。

037 Q

「彼は目を閉じて音楽を聞いている」の英訳として、次の二つの文はどちらも正しいですか?

(a) He is listening to music, *closing his eyes.*
(b) He is listening to music, *with his eyes closed.*

答と解説

(a) は誤り。正しいのは (b) だけです。

closeは「~を閉じる」という意味の動作動詞です。したがって (a) は、「彼は目を閉じるという動作をしながら音楽を聞いている」という不自然な意味になります。一方 (b) では、with以下が次の意味を表します。

● with + O + C ＝ OがCである状態で

(b) のwith以下は「彼の目が閉じられた状態で」の意味です。closedはもともとcloseの過去分詞ですが、形容詞に転じて「閉じている」という状態を表します。The shop is *closed.* (その店は閉店している) は、その例です。

この用法のwithでは、Cの位置には形容詞・現在分詞・前置詞句などを置くことができます。

(c) He sat *with his legs crossed.*
(彼は足を組んで座った)

(d) Don't leave your car *with the engine running.*
(エンジンをかけたままで車を離れるな)

(e) She stood there *with tears in her eyes.*
(彼女は涙ぐんでそこに立っていた)

POINT

with＋O＋C〈分詞など〉＝OがCである状態で

038

「私はスキーが好きだ」の英訳として、次の二つの文はどちらも正しいですか？

(a) I like *skiing.*
(b) I like *to ski.*

答と解説

はい。どちらかと言えば (a) の方が普通ですが、(b) も使えます。

(a) と (b) はどちらも、「私はスキーをするのが好きだ」という意味です。ただ、このように一般的なことを表す場合は、動名詞の方が好まれます。一方不定詞は、個別のことに使います。「私は (今) スキーがしたい」は、次のように表すのが普通です。

(c) I would like *to ski.*

〈would like＋to不定詞〉は「～したい」の意味です (would like＝want)。I *would like skiing.* とは言えません。

一般に不定詞は「動詞的・個別的・即時的」なことを、動名詞は「名詞的・一般的・固定的」なことを述べるのに使われる、とされています。

ただし、この例の (a) と (b) の違いはそれほど大きなものではなく、あまり神経質になる必要はありません。次の例では、不定詞と動名詞との間に意味の違いはありません。

(d) It began *to rain.*＝It began *raining.*
(雨が降り始めた)

POINT

不定詞は動詞に近く、動名詞は名詞に近い。

039 Q

「雨がやんだ」の英訳として、次の二つの文はどちらも正しいですか？

(a) It stopped *raining.*
(b) It stopped *to rain.*

答と解説

(b) は誤り。正しいのは (a) だけです。

likeやbeginの場合は、後ろに動名詞・不定詞の両方を置くことができます。しかし、動名詞・不定詞のうちどちらか一方しか置けない動詞もあります。

(c) We *enjoyed singing* [×to sing] karaoke.
(私たちはカラオケを歌うのを楽しんだ)

(d) I *decided to propose* [×proposing] to her.
(私は彼女にプロポーズする決心をした)

enjoy (楽しむ) は、不定詞を続けることができません。逆にdecide (決心する) は、動名詞を続けることができません。受験英語では、enjoy型の動詞を「メガフェプスド (Mind・Enjoy・Give up・Avoid・Finish・Escape・Practice・Stop・Deny)」という語呂合わせで暗記させたりします。

ところで、〈V＋動名詞〉型の動詞の多く (たとえば上に列挙した動詞の多く) は、ネガティブな意味を含んでいます。対照的に、〈V＋不定詞〉型の動詞の多く (例：want, hope, plan, decide, promise, manage) は、ポジティブな意味を表します。

これは、不定詞のtoがもともと方向や目標を表す前置詞であったことに由来しています。

POINT

〈V＋動名詞/不定詞〉の使い分けに注意。

040

「そのソフトをインストールしようとしたが失敗した」の英訳として、次の二つの文はどちらも正しいですか？

(a) I tried *to install* the software, but failed.
(b) I tried *installing* the software, but failed.

答と解説

(b) は誤り。正しいのは (a) だけです。

- **try＋to不定詞 ＝ 〜しようと試みる**
- **try＋動名詞 ＝ ためしに〜してみる**

学校ではこう習いますが、覚えてもすぐに忘れてしまいそうですね。次の例と関連づけて考えてみましょう。

(c) I *remember sending* him an e-mail.
（彼にメールを送ったのを覚えています）

(d) Please *remember to send* him an e-mail.
（忘れずに彼にメールを送ってください）

(c) では「送る」動作が完了していますが、(d) では完了していません。tryの場合もこれと同じで、tried *to install*は「インストールしようとした（未遂行）」、tried *installing*は「インストールしてみた（遂行）」の意味です。

(e) I'm afraid *to enter* the room.
（私は怖くてその部屋に入れない）

このto enterも、まだ行っていない行為を示します。なお、この文はI'm afraid *of entering* the room. と言い換えてもほぼ同じ意味になります。

POINT

動名詞は「遂行」を、不定詞は「未遂行」を表す。

041

「私はハワイ旅行に行こうと思っている」を、次のように英訳することができますか？

(a) I *think to go* on a trip to Hawaii.

答と解説

できません。

この和文の意味を表すには、willかbe going toを使って次のように言うのが最も自然です。

(b) I'*ll go* on a trip to Hawaii.

(c) I'*m going* (*to go*) on a trip to Hawaii.

(c) では、goの重複を避けるためにto goはしばしば省略されます。

〈plan [mean, intend] + to不定詞〉の形で「～するつもりだ」の意味を表すこともできますが、これらはやや改まった表現です。〈think + to不定詞〉をこの意味で使った例も実際にはありますが、ネイティブの中にはこの形を認めない人も多くいます。

なお、次の文は問題ありません。

(d) I'*m thinking about* [*of*] *going* on a trip to Hawaii.

これは「私はハワイ旅行に行こうかとも思っている」、つまり「行こうかどうか迷っている (まだ決めていない)」という意味です。

POINT

〈think＋to不定詞〉の形は使わない方がよい。

042 Q

次の二つの文は、どちらも正しいですか？

(a) I *think her to be* a reliable person.
（彼女は信頼できる人だと思う）

(b) I *think her to come* back soon.
（彼女はすぐに戻って来ると思う）

答と解説

(a) は正しい文ですが、(b) は誤りです。

思考を表す動詞の後には、(a) のように〈O＋(to be＋) C〉の形を置くことができます (to beは普通省略されます)。

一方、(b) では不定詞の位置に動作動詞 (come) が置かれていますが、think, suppose, believeなどについてはこの形は許されません。これは、seem (～らしい) の後に〈to＋動作動詞〉の形を置けないのと同じです (→Q35)。

(c) He *seems to be moving* [×to move] to Osaka.
(彼は大阪へ引っ越すらしい)

なお、thinkなど「思考」を表す動詞のグループは〈V＋that節〉の形で使うのが普通ですが、それに加えて〈O＋to不定詞 (動作動詞)〉の形でも使えるものもあります。

(d) I *expect* you *to come* with me.
[＝I *expect that* you will come with me.]
(君に一緒に来てもらいたい)

POINT

think型の動詞では〈＋O＋(to be＋) C〉の形は可能だが、〈＋O＋to不定詞 (動作動詞)〉は不可。

043 Q

「私は作家になる夢をあきらめられない」の英訳として、次の二つの文はどちらも正しいですか？

(a) I can't give up the dream *to become* a writer.
(b) I can't give up the dream *of becoming* a writer.

答と解説

(a) は誤り。正しいのは (b) だけです。

不定詞は非常に幅広い用法を持っているので、本来使ってはいけない場合にも使ってしまいがちです。この例は、その典型と言えるでしょう。

(c) My dream is *to become* a writer.
(私の夢は、作家になることです)

この文には、何の問題ありません(to becomeは名詞用法)。しかし、to becomeを形容詞用法として使ったmy dream *to become* a writerは誤りです。

(b) のofは、「同格関係」(～という○○) を表します。

(d) I have an idea *of making* [×to make] a trip by bike.
(私はバイクで旅行する考えを持っている)

(e) I have no intention *of apologizing* [×to apologize].
(私は謝るつもりはない)

(e) のような場合は特に、〈intend＋to do〉(～するつもりだ) の形からの連想で不定詞を使いがちなので、注意が必要です。

POINT

dream・ideaなど、形容詞用法の不定詞を続けることのできない名詞がある。

044

「失業者が増えている」の英訳として、次の文は正しいですか？

(a) Unemployed people have increased.

答と解説

いいえ。次のどちらかに訂正する必要があります。

(b) The number of unemployed people has increased.
(失業者の数が増えている)

(c) Unemployed people have increased in number.
(失業者が数の点で増えている)

また、次の言い方も可能です。

(d) *More and more* people have lost their jobs.
(だんだん多くの人々が職を失っている)

ポイントは、increase (増加する) という動詞の意味にあります。一般に、増加したり減少したりするのは「数量」です。したがって、数量の概念を含む名詞、たとえばpopulation (人口) やweight (重量) は、increaseやdecrease (減少する) の主語にできます。しかしpeopleには数量の概念が含まれないので、(b) のように*the number of* people (人々の数) という形を主語にして表すのが正しいのです。なお、量についてはamountを使います。

(e) *The amount of* CO_2 in the air is increasing.
(大気中の二酸化炭素の量が増加しつつある)

POINT

increase・decreaseの主語は、数量の意味を含む名詞でなければならない。

045

「このカメラの値段はとても安い」の英訳として、次の二つの文はどちらも正しいですか？

(a) The price of this camera is very *cheap.*
(b) The price of this camera is very *low.*

答と解説

(a) は誤り。正しいのは (b) だけです。

まず、(a) がなぜ誤りなのかを考えてみましょう。cheapは「安い」つまり「値が低い」という意味の形容詞です。そこで、cheap priceと言えば「値が低い」+「値段」を意味することになり、「値段」の意味が重複してしまいます。だからこの表現は誤りであり、正しくはlow price (低い値段) と言います。したがって、(a) のように「priceがcheapだ」とは言えません。次の例も同様です。

(c) The *cost* of the trip is too *high* [×expensive].
(その旅行の費用は高すぎる)

cheapやexpensiveの主語となるのは、一般に「品物」です。だから、次のように言うことはできます。

(d) *This camera* is very *cheap.*

ところでcheapには、日本語の「チープな」と同様に、「安っぽい」というネガティブな意味もあります。単に「値段が安い」と言うときは、cheapの代わりにinexpensiveを使う方が無難でしょう。ただし、(c) のcheapをinexpensiveに置き換えた文 (This camera is *very inexpensive.*) には違和感があり、veryをつけない方が自然です。

POINT

「安い値段」をcheap priceとは言わない。

046

Q

「ぼくの給料は君の給料より安い」の英訳として、次の三つの文はどれも正しいですか？

(a) My salary is *cheaper* than your salary.
(b) My salary is *less* than your salary.
(c) My salary is *lower* than your salary.

答と解説

(a) は誤り。(c) が普通の表現ですが、(b) も使われます。
文法的には、次のようになります。

- 「安月給」＝ ○ *low* [*small*] salary
  × cheap [little] salary
- 「高収入」＝ ○ *high* [*large*] income
  × much [a lot of] income
- 「少ない数」＝○ a *small* number
  × a little [few] number
- 「多い人口」＝○ a *large* population
  × a many [much] population

このように、それ自体が数量や金額の意味を含んでいる名詞については、「多い」の意味はlargeやhighで、「少ない」の意味はsmallやlowで表すのが原則です。

したがって、(b) のlessはlittleの比較級なので本来は正しくありません。しかし、less moneyなどからの類推で、less salaryやmore incomeという言い方も実際にはしばしば見られます。なお、cheap salaryとは普通言いません。

POINT

数量や額の概念を含む名詞は、manyやmuchでは修飾できない。

047

「日の出を見られてうれしかった」の英訳として、次の二つの文はどちらも正しいですか？

(a) *It was happy* that I could see the sunrise.
(b) *I was happy* that I could see the sunrise.

答と解説

(a) は誤り。正しいのは (b) だけです。

〈S is happy〉の形では、Sは「人」でなければなりません。「うれしい」という感情を持つのは人間だからです。

なお、(b) のthat以下は「～して」という意味、つまりhappyという感情の理由を表しています。また、(b) はI was happy *to see* the sunrise. と言い換えられます。

では、happy (うれしい) の反意語であるsad (悲しい) の場合はどうでしょうか？

(c) *I was sad that* I couldn't see the sunrise.
(d) *It was sad that* I couldn't see the sunrise.
(夕陽が見られなくて悲しかった)

これは両方とも正しい文であり、(d) のsadは「悲しむべき」の意味です。このように、形容詞によって主語の選び方に制約があるので注意しましょう。次の例も同様です。

(e) It is *certain* [×sure] that he will win the election.
(彼が選挙に勝つのは確実だ)

sureは「(人が) 確信している」の意味なので、Itを主語にした形では使えません。

POINT

主語が「人」か「物」かは、形容詞ごとに判断が必要。

048 Q

「彼らはその試合を見て興奮した」の英訳として、次の三つの文のうちどれが適切ですか？

(a) They *excited* at the game.
(b) They *were excited* at the game.
(c) They *were exciting* at the game.

答と解説

(a) と (c) は誤り。正しいのは (b) だけです。

「(人) に～の感情を起こさせる」という意味を表す動詞、たとえば**surprise** (驚かせる), **excite** (興奮させる), **satisfy** (満足させる), **disappoint** (失望させる), **bore** (退屈させる) などから分詞を作ると、次のような意味になります。

- **人**が～する [している] → **過去分詞**
- **物**が (人を) ～させる → **現在分詞**

excitingは「人を興奮させるような」、excitedは「(人が) 興奮させられて [＝興奮して] いる」の意味です。

(d) It was an *exciting* [×excited] game.
(それはわくわくする試合だった)

(e) I was *disappointed* at the *boring* speech.
(私はその退屈なスピーチに失望した)

(f) I was *bored* with the *disappointing* speech.
(私はその期待外れのスピーチに退屈した)

POINT

感情の表現では、「人」と結びつくときは過去分詞、「物」と結びつくときは現在分詞を使う。

049

「私たちはパーティーで楽しく過ごした」の英訳として、次の二つの文はどちらも正しいですか？

(a) We had a *pleasant* time at the party.
(b) We felt *pleasant* at the party.

答と解説

正しいのは (a) だけです。(b) のpleasantは、pleasedに訂正する必要があります。

exciting/excitedのような対比に関連して、現在分詞の代わりに使われる形容詞があります。たとえばpleasantは、please ((人) を喜ばせる) という動詞から派生した分詞pleasingとほぼ同じ意味です。したがってpleasant timeは「楽しい時」の意味になりますが、feel pleasantとは言えません。人間が主語の場合は、We felt [were] *pleased.* が正しい形です。類例をまとめておきましょう。

人が主語	物が主語
pleased (喜んで)	pleasant (楽しい)
satisfied (満足して)	satisfactory (十分な)
delighted (喜んで)	delightful (喜ばしい)
regretful (後悔して)	regrettable (残念な)

なお、doubtful (疑って/疑わしい) のように、人にも物にも使える形容詞もあります。

POINT

感情を表す分詞・形容詞は、主語が人か物かによって使い分けが必要。

050

「我々がこの仕事を明日までに終えるのは難しい」の英訳として、次の二つの文はどちらも正しいですか？

(a) It is hard *for us to finish this task by tomorrow.*
(b) It is hard *that we finish this task by tomorrow.*

答と解説

(b) は誤り。正しいのは (a) だけです。

「形式主語のit」は、後ろのto不定詞やthat節の内容を指します。

(c) *It* is easy *to understand this book.*
（この本を理解するのは簡単だ）

(d) *It* is natural *that she is angry.*
（彼女が怒っているのは当然だ）

では、「(b) のitがthat以下の内容を受ける」という解釈は可能でしょうか？ ここで意味をよく考えてみると、hardなのは「仕事を終える」という行為であって、「私たちが仕事を終えること」という事実ではありません。だから、It is hard that ～ という形は成り立たないのです。

〈It is 形容詞 to不定詞〉と〈It is 形容詞 that節〉とを比較すると、後者の形で使える形容詞の方が数が限られています(natural, necessary, strange, surprising, possibleなど)。これらは概して、「事実」に対する判断や可能性などを表す場合に使います。「～することは…だ」の意味を表す場合は、なるべくto不定詞を使うのが無難です。

POINT

〈It is＋形容詞＋that節〉よりも〈It is＋形容詞＋to不定詞〉の形を使う方が安全。

051

「この計画は変更する必要がある」の英訳として、次の二つの文はどちらも正しいですか？

(a) *It is necessary to change* this plan.
(b) This plan *is necessary to change.*

答と解説

(b) は誤り。正しいのは (a) だけです。

次の例と比較してみましょう。

(c) *It is difficult to change* [this plan].

(d) [This plan] *is difficult to change.*

この場合は (c) (d) とも正しく、「この計画を変更するのは難しい」という意味を表します。(d) は、(c) の形式主語 (It) を文尾の目的語 (this plan) で置き換えた形です。このような置き換えは、形容詞がdifficultのときは正しく、necessaryのときは誤りです。つまり「(c) → (d) のような言い換えは、ある種の形容詞についてのみ可能」ということです。その形容詞とは、**easy**, **difficult**, **hard**, **impossible**, **pleasant**などです。

(b) が誤りである理由の一つは、This plan is necessaryの部分が「この計画が必要だ」のように読めてしまうからです。必要なのは「この計画を変更すること」であって、「この計画」自体ではありません (計画自体はむしろ不要です)。一方 (d) でThis plan is difficultの部分を「この計画は難しい」のように解釈しても、文の意味から大きく外れてはいません。だから (c) ⇒ (d) のような言い換えが成り立つのです。

POINT

easy・difficultなど特定の形容詞に限り、文末の目的語を形式主語のItの位置に移動することができる。

052

「私はかぜをひきやすい」の英訳として、次の二つの文はどちらも正しいですか？

(a) I *am easy* to catch cold.
(b) I catch cold *easily*.

答と解説

(a) は誤り。正しいのは (b) だけです。

理屈は前問と同じです。たとえば「彼らはだまされやすい」の英訳は、次のどちらが適切でしょうか？

(c) They are easy *to deceive*.

(d) They are easy *to be deceived*.

この場合、正しいのは (c) です。It is easy to deceive them.（彼らをだますのは易しい）のthemをItの位置に移動させた、と考えるわけです。<u>It is easy to be deceived them</u>. という形は成り立たないので、(d) は誤りとなります。

これと同様にI am easy to catch cold. という文は、It is easy to catch cold <u>me</u>. のような文が前提となります。しかしこの文は正しくないので、(a) も間違いです。

easy型の形容詞が「人間」を主語にできるのは、前問で示した「文末の目的語を形式主語のItの位置に移動する」形のときに限られる点に注意しましょう。たとえば、He *is hard to* please.（彼を喜ばせるのは難しい）は正しい文ですが、He *is hard to* do the job.（彼がその仕事をするのは難しい）は誤りです。

POINT

「～しやすい＝be easy to不定詞」は間違い！

053

「彼らでは試合に勝つことは不可能だ」の英訳として、次の三つの文はどれも正しいですか？

(a) It is impossible for them to win the game.
(b) It is impossible that they should win the game.
(c) They are impossible to win the game.

答と解説

正しいのは(a)だけです。(b)は和文とは意味が違い、(c)は文法的に成り立ちません。

「不可能だ、できない」の意味のimpossibleは、(a)のように不定詞を使って表します。that節を使った(b)は、「彼らが試合に勝つことはあり得ない」の意味です。実質的には同じことですが、(a)は彼らの能力に言及しており、(b)は「彼らが勝つ可能性」を否定しています。したがって、たとえば「彼がまだ生きているなんてあり得ない」の英訳は、It is impossible *that* he is still alive. となります。

(c)が誤りなのは、前問の理屈と同じです。impossibleについて(c)のような文が可能なのは、次のようなケースです。

(d) *They* are impossible to persuade.
[＝It is impossible to persuade *them*.]
(彼らを説得することは不可能だ)

なお、(c)はimpossibleをunableに置き換えれば正しい文になります。

POINT

〈impossible＋to不定詞〉は「できない」、〈impossible＋that節〉は「あり得ない」。

054 Q

「関係者たち」の英訳として、次の二つはどちらも正しいですか？

(a) the people *concerned*
(b) the *concerned* people

答と解説

(a) が普通の言い方です。

一語の形容詞が名詞を修飾する場合、「形容詞＋名詞」の語順にするのが普通です。しかし、例外もあります。たとえば、-thingや-one［body］の語尾を持つ代名詞を修飾する形容詞は、後ろに置きます。また、-ableや-ibleの語尾を持つ形容詞は、しばしば名詞の後ろに置きます。

(c) something *cold* to drink（何か冷たい飲み物）

(d) in every way *imaginable*（考えうるあらゆる点で）

(e) the most reliable information *available*
（入手できる最も信頼できる情報）

(a) は、the people who are concernedの下線部が省略された形とも考えることができます。次の例も同様です。

(f) *People* (who were) *present* were surprised at the news.
（居合わせた人々は、その知らせに驚いた）

presentは「出席して、居合わせて」の意味の形容詞で、後ろからpeopleを修飾しています。名詞の前に置くと「現在の」の意味になる点にも注意してください。

(g) the *present* government（現政府）

POINT

一語でも名詞の後ろに置く形容詞がある。

055

I think so.(私はそう思います)のsoを、thatやitで言い換えることはできますか？

答と解説

できません。

soは基本的に、「that節の代用」として使われます。

(a) "Will the Tigers win?" "I hope *so.*"

（「タイガースは勝つだろうか」「そう思うよ」）

この文のsoは、that the Tigers will winの意味です。

したがって、soを使うことができるのは「V＋that節」の形で使える動詞に限られます。たとえば〈want＋that節〉という形はないので、I hope so. の代わりにI want so. と言うことはできません。

(b) "Will it rain tomorrow?" "I'm afraid *so.*"

この文のsoも、that it will rain tomorrowと言い換えられます。I hope so. は望ましいことについて、I'm afraid so. は望ましくないことについて使う表現です。これらの文のsoは、thatやitで言い換えることはできません。

think, believe, guess, say, tellなどの動詞にも、同様にsoを続けることができます。一方、knowの場合はI don't know so. とは言わず、単にI don't know. とします。remember, forget, mindなども同様です。

POINT

soはthat節の代用として使われる。

056 Q

Will he come tomorrow?(明日彼は来るだろうか)という発言に対して「来ないかもしれない」と答える場合、次の二つの文のうちどちらが適切ですか?

(a) I'm *not* afraid.
(b) I'm afraid *not*.

答と解説

(b) です。

(a) は「私は恐れていない」という意味で、この会話の状況には合いません。

(b) は、次の文と同じ意味です。

(b)' I'm afraid (that he will) not (come tomorrow).

このように、否定の意味を含むthat節の内容を、notだけで代表させる表現があります。

(c) "Does he work hard?" "I don't think so."
(「彼は熱心に働きますか」「そうは思いません」)

下線部は、I think *not.* のように言うこともできます。expect, suppose, tellなどについても同様です。

(d) "Will he come?" "I was *told not* [I was *not told* so]."
(「彼は来ます」「私は(来るとは)聞かされていません」)

また、〈+so〉と〈+not〉の形が等しく可能だとは言えないケースもあります。

(d) "Will he rain?" "I *hope not* [△I don't hope so]."
(「雨が降るだろうか」「降らなければいいと思う」)

POINT

否定の意味を含むthat節をnotだけで表す場合がある。

057

「大変申し訳ありません」の英訳として、次の二つの文はどちらも正しいですか？

(a) I'm *very* sorry.
(b) I'm sorry *very much.*

答と解説

(b) は誤り。正しいのは (a) だけです。

(a) を、次の (c) と比べてみましょう。

(a) I'm [very] sorry.（大変申し訳ありません）

(c) Thank you [very much].（大変ありがとうございます）

(a) のveryはsorry（形容詞）を修飾しており、(c) のvery muchはThank（動詞）を修飾しています。thankは「～に感謝する」の意味で、(c) は主語のIを省略した形です。

very muchのveryはmuch（副詞）を強める言葉なので、結局次のルールが成り立っていることがわかります。

- **形容詞・副詞**の意味は**very**で強める。
- **動詞**の意味は（**very**）**much**で強める。

(d) He sings *very well.* 〈very＋副詞〉
（彼はとても上手に歌う）

(e) I don't *watch* TV (*very*) *much.* 〈動詞＋much〉
（私はあまりテレビを見ない）

ただし、例外的にmuchで強める形容詞もあります。たとえば、比較の意味を含むalike, different, sameなどです。

POINT

形容詞を（very）muchで強めることはできない。

058

「私はその知らせにとても驚いた」の英訳として、次の二つの文はどちらも正しいですか？

(a) I was *very* surprised at the news.
(b) I was *very much* surprised at the news.

答と解説

はい、どちらも正しい言い方です。

この質問は、「過去分詞から形容詞への転化の度合い」に関係しています。たとえば、次の例を見てください。

(c) I'm *very* [○*very much*] *interested* in history.
(私は歴史にとても興味があります)

(d) I'm *very* [×*very much*] tired.
(とても疲れた)

interestedはもともとinterest (～の興味を引く) という他動詞の過去分詞です。過去分詞はmuchで修飾するので、(*very*) *much* interestedは可能です。一方、interestedは今では「(～に) 興味がある」という意味の形容詞とも感じられます (後ろの前置詞がbyでなくinなのもそのためです)。そう考えれば、*very* interestedも正しい言い方です。

一方tiredは、もとはtire (疲れさせる) から派生した過去分詞ですが、今では純粋な形容詞になっています。だから (*very*) *much* tiredとは言いません。

surprisedもinterestedと同様に、形容詞・過去分詞の両方の性格を持ちます。したがって (a) (b) は両方可能です。なお、(b) のmuchにはveryをつけて言うのが普通です。

POINT

過去分詞の多くは、very・muchの両方で修飾できる。

059

「このクイズは複雑すぎて解けない」の英訳として、次の二つの文はどちらも正しいですか？

(a) This quiz is *so* complicated that I can't solve it.

(b) This quiz is complicated *so much* that I can't solve it.

答と解説

(b) は誤り。正しいのは (a) だけです。

これらは〈so ～ that …〉(とても～なので) の構文ですが、この場合のsoはveryの意味です。そこで、(a) (b) はそれぞれ次の文を基にしたものと言えます。

(a)' This quiz is *very* complicated. (○)

(b)' This quiz is complicated *very much.* (×)

(b) が誤りなのは、He is *very* rich. をHe is rich *very much.* とは言えないのと同じ理屈です。なお、complicated (複雑な) はtiredと同様に「完全な形容詞」と感じられるので、(*very*) *much* complicatedとも普通言いません。

比較のために、次の例も見ておきます。

(c) This house is *so much* damaged [×so damaged] that we can't live in it.
(この家はひどく壊れすぎたので住むことができない)

この文は、This house is *very much* damaged. を基にしています。damagedは形容詞よりも過去分詞としての性格が強いため、very damagedとは言えません。したがって、so damagedも誤りとなります。

POINT

〈so ～ that …〉のsoはveryと同じ使い方をする。

060

「へとへとに疲れた」の英訳として、次の二つの文はどちらも正しいですか？

(a) I'm *very* exhausted.
(b) I'm *quite* exhausted.

答と解説

(a) は誤り。正しいのは (b) だけです。

形容詞の多くは「段階的 (gradable)」な意味を持ちます。たとえばbigは「やや大きい」「とても大きい」などと修飾することができます。一方、「非段階的 (non-gradable)」な形容詞もあります。たとえば**true** (真実の) です。veryは、この種の形容詞の前には置けません (It's very true. は誤り)。

この質問の**exhausted** (疲れ切っている) も、非段階的な形容詞なのでveryは使えません。一方、「全く」の意味を表すquite, completely, totallyなどは、こうした形容詞についても使えます。非段階的な形容詞には、ほかに**impossible** (不可能な), **huge** (巨大な), **excellent** (すばらしい), **terrible** (ひどい) などがあります。比較級や最上級をveryで修飾できないのも、同様の理屈です。

この種の形容詞のうち特に間違いやすいのは、**unique**と**delicious**です。たとえば日本語では「とてもユニークだ」と言いますが、英語のuniqueはもともと「唯一の」という意味なので、very uniqueとは言いません。同様にdeliciousも「極度においしい」の意味なので、very deliciousと言うのは間違いです。

POINT

veryは、非段階的な意味を持つ形容詞を修飾できない。

061

「UFOは信じない、一度も見たことがないからだ」の英訳として、次の二つの文はどちらも正しいですか？

(a) I don't believe in UFOs, because I've never seen *them*.

(b) I don't believe in UFOs, because I've never seen *ones*.

答と解説

(b) は誤り。正しいのは (a) です。

次の文と比較してみましょう。

(c) I might believe in UFOs, if I saw *one*.
（もし自分の目で見れば、ぼくはUFOの存在を信じるかもしれない）

この文中のone（＝a UFO）には、「一つ」の意味が含まれます。この用法のoneの複数形onesは、必ず形容詞をつけて使います。

(d) I like the blue ties better than the *brown ones*.
（私は茶色のネクタイより青いやつの方が好きだ）

(b) は、onesに形容詞がついていないので誤りです。このような場合は、themを使った (a) が正しいのです。このルールは知らない人が多いので、注意が必要です。

なお、(c) のoneがthemでないのは、「UFOを一つ（でも）見れば」という意味だからです。前の名詞が複数形であっても、単数の代名詞で受けることは可能です。

POINT

前の名詞を受けるonesは、形容詞をつけて使う。

ネイティブ英語の常識テスト②

次のそれぞれの英文に誤り、または不適切な箇所があれば、訂正してください。なければ○をつけてください。

(1) 私はとても疲れていたので外出できなかった。
I was tired so much that I couldn't go out.

(2) 彼女の最新アルバムはよく売れている。
Her latest album is selling well.

(3) あなたの仕事を手伝いましょうか。
Shall I help your job?

(4) ドアにはいつも鍵をかけておく方がいいよ。
You should always keep locking the door.

(5) あなたの体重はどれくらいですか。
How much is your weight?

(6) 彼女は私よりたくさんのCDを持っている。
She has more CDs than I have.

(7) この青いドレスは彼女によく似合うだろう。
This blue dress will match her very well.

(8) 私たちはパーティーでとても楽しく過ごした。
We enjoyed very much at the party.

(9) 次の駅で乗り換えます。
I'm going to change my train at the next station.

(10) 私たちは試合開始の三分前に球場に着いた。
We reached the stadium before three minutes when the game started.

ネイティブ英語の常識テスト②・解答

(1)【正解】tired so much → so tired

tiredは形容詞なので、I'm tired *very much.* とは言えません（→Q37）。〈so ～ that …〉（大変～なので…）のsoはveryの意味なので、tired so muchも誤りです。

(2)【正解】○

〈物 sell(s) well〉の形で、「（物が）よく売れる」の意味を表します。This skirt *washes well.*（このスカートは洗っても傷まない）などと同じ用法です。

(3)【正解】help your job → help you with your job

helpする相手は、人間でなければなりません。〈help A with B〉の形で「A（人）のB（仕事など）を手伝う」の意味を表します。

(4)【正解】locking the door → the door locked

lock（～に鍵をかける）は動作動詞なので、keep locking the doorだと「鍵をかける動作をし続ける」という意味になってしまいます。keep the door *locked*とすれば「鍵がかけられた状態に保つ」という適切な意味になります。

(5)【正解】How much → What

weight（重さ）, length（長さ）, height（高さ）などは、whatで尋ねます。動詞のweigh（～の重さがある）を使えば、How much do you weigh? とも言えます。

(6)【正解】○

than以下は〈than I do〉のように代動詞のdoを使うのが普通ですが、前の動詞がhave（の活用形）の場合に限り、〈than I have〉のように言うことができます。したがって、たとえばHe *drank* more than I *did.*（彼は私よりたくさん飲んだ）のdidをdrankで言い換えてはいけません。

(7)【正解】match → suit［become］

matchは「物と物が調和する」の意味であり、人間を目的語にすることはできません。なお、fitは「大きさが合う」の意味です。

(8)【正解】enjoyed → enjoyed ourselves

enjoyは、ふつう自動詞としては使いません。enjoy oneselfで「楽しく過ごす」の意味です。また、We enjoyed the party very much. と訂正してもOKです。

(9)【正解】my train → trains

「列車を乗り換える」はchange trainsと言います。乗り換えるためには二つの列車が必要だからです。shake hands（握手する）なども同様です。

(10)【正解】before three minutes when
→ three minutes before

時間を表す言葉は、beforeやafterの前に置きます。たとえば、He came *soon*［*five minutes*］*after* you left.（彼は君が出てすぐ［五分後］に来た）のように。

PART3

述部の形（時制・助動詞など）

英語の文には、原則としてS（主語）とV（述語動詞）とが含まれます。Vの形にはさまざまなパターンがあるため、日本人学習者はしばしば戸惑います。TOEICや大学入試センター試験でも、Vの形の識別に関する問題は非常によく問われています。この章では、時制（時間関係を表す動詞の形）・助動詞・仮定法など、Vの形に関する項目を取り上げます。

062

「そのホテルは丘の上に立っている」の英訳として、次の二つの文のうちどちらが適切ですか？

(a) The hotel *stands* on the hill.
(b) The hotel *is standing* on the hill.

答と解説

(a) です。

(a) を次の文と比べてみましょう。

(c) The boy *is standing* at the gate.
(その男の子は門のところに立っている)

(c) のstandは、動作動詞（立つ）です。一方、ホテルが主語の場合、「ホテルが『立つ』という動作をしている」とは言えないので、(b) は誤りです。(a) のように、standを状態動詞（立っている）で使うのが正しいのです(→Q9)。

なお、状態動詞のstandやsitは、人間が主語のときにも使えます。

(d) He *stood* looking at the sea.
(彼は海を見ながら立っていた)

(e) They *sat* watching TV.
(彼らは座ってテレビを見ていた)

また、座席が空いているかどうか尋ねられて「この席には私の友人が座っています」と言いたいときは、My friend *is sitting* here.のように進行形にします。この場合は「座りつつある」という動作の意味ではありません。「腰を降ろす」という動作は、普通 sit downで表します。

POINT

動作動詞・状態動詞の両方の意味を持つ動詞がある。

063 Q

「川に一艘のボートが浮かんでいる」の英訳として、次の二つの文のうちどちらが適切ですか？

(a) A boat *floats* on the river.
(b) A boat is *floating* on the river.

答と解説

(b) です。

眼前の川に浮かんでいるボートを見ている状況では、(b) または次の言い方が自然です。

(b)' *There is* a boat *floating* on the river.

Thereを使ったこの種の言い方は、よく見られます。

(c) *There is* little sugar *left*.
(砂糖がほとんど残っていない)

なお、日本語的な発想だと、(a) のfloats (現在形) でも「浮かんでいる」という状態を表せそうに思えるかもしれません。しかしfloatは状態動詞ではないので、その解釈は成り立ちません。(a) の解釈としては、文法的には次の二つが可能です。

①「ボートは (その) 川に浮かぶものである」という一般的事実を表すという解釈。しかし、これは意味的に不自然です。

② たとえば「私は毎朝通勤列車の窓から川を眺めている。するとそこには、いつも一艘のボートが浮かんでいる」という状況を想定した解釈。現在形が「習慣」を表すと考えます。この意味で (a) のように言うことはあり得ます。

POINT

動作動詞の現在形は「状態」を表さない。

064

「京子はだんだん母親に似てきている」の英訳として、次の文は正しいですか？

(a) Kyoko *is resembling* her mother more and more.

答と解説

はい。(a) は正しい文です。

resemble（～に似ている）は状態動詞の一種であり、普通は進行形にはできません。状態・思考・感情などを表す動詞（たとえばlive, like, know）は、普通の意味では進行形にしません。

しかし、状態動詞を進行形にすることによって、「状態」を「積極的な（心的）活動」とみなし、動作動詞と同じ働きを持たせることがあります。

(b) I *doubt* his words.

(c) I'*m doubting* his words.

(b) は現在の心理状態（「彼の言葉を疑っている」）を表し、(c) は現在進行している心理の動き（「彼の言葉を疑う気持ちになりつつある」）を表します。次の例も同様です。

(d) I'*m* actually *liking* the singer.
（その歌手が本当に好きになってきています）

(e) I'*m missing* you dreadfully.
（あなたがいなくて本当に寂しく思っています）

POINT

「心理状態などの変化が進行している」という意味を表すために、状態動詞を進行形にする場合がある。

065

「私は週に１回英会話を習っています」の英訳として、次の二つの文はどちらも正しいですか？

(a) I *learn* English conversation once a week.
(b) I'm *learning* English conversation once a week.

答と解説

はい、どちらも正しい文です。

一般には、現在形は現在の事実や習慣を、現在進行形は現在進行中の動作を表します。

(c) I *go* to an English school.
（私は英語学校へ通っています）

(d) I'*m going* to an English school.
（私は英語学校へ行くところです）

「(b) は『英会話の授業を今受けているところだ』の意味にしかならないのではないか？」と思うかもしれませんが、必ずしもそうではありません。たとえばI'*m writing* a novel. は、そのとき机に向かっていなくても、「小説の執筆作業が進行中だ」という意味で使えます。

(e) I'*m listening to* English every day to prepare for the mid-term exam.
（私は中間試験の準備のために毎日英語を聞いています）

この文にはevery dayという「習慣」を表す言葉が含まれていますが、この文脈では進行形の方が現在形 (listen to) よりも自然であることが感覚的に理解できるでしょう。

POINT

現在進行形を習慣的動作に使う場合もある。

066

「ちょっと手を貸していただけますか」の英訳として、次の二つの文はどちらも正しいですか？

(a) I *wonder* if you could help me.
(b) I *was wondering* if you could help me.

答と解説

より適切な表現は、(b) です。(a) は響きが強く、命令口調にさえ聞こえます。

(b) は、「ちょっと手を貸していただければと思っていたのですが」という意味です。相手に何かを頼むような場合に、意味を和らげるために進行形を使うことがあります。

(c) I'*m hoping* you'll give me some advice.
(何か忠告をいただければと思っています)

過去進行形を使うと、さらに丁寧な言い方になります。

(d) I *was hoping* you could tell me.
(お話ししていただけたらうれしいのですが)

(b) も、I was wonderingと過去進行形を使うことによって丁寧さを強調しています。現在形よりも過去形の方が丁寧な言い方になることは、〈Will you ～?〉と〈Would you ～?〉の関係からもわかりますね(→Q85)。

(e) I just *wanted* to say I love you.
(愛していると言いたかっただけなの)

この文は、意味の上では「現在の希望」を表しています。過去形を使うことで控えめな表現にしたものです。日本語で「～でよろしかったでしょうか」と言うのと同じ心理です。

POINT

進行形を使うと、丁寧な言い方になる場合がある。

067

新幹線の車内では、We'*ll be stopping* at Shinagawa, Shin-Yokohama, …というアナウンスが流れています。なぜ未来進行形(will be ～ing)を使うのですか？

答と解説

この未来進行形は、確定的な未来の予定を表します。

学校では未来進行形のこの用法をあまり教えていませんが、日常会話ではよく使われます。

未来進行形は本来、「未来のある時点で進行中の動作」を表す形です。

(a) I'*ll be staying* in Osaka next week.
(私は来週大阪に滞在しています)

(b) I'*ll be waiting* for you at 5 o'clock.
(五時にお待ちしています)

新幹線のアナウンスの例では、単にWe'll arriveと言うよりも、進行形を使う方が丁寧な言い方になります(前問を参照)。会話でよく使う次の言い方も、参考にしてください。

(c) I'*ll be seeing* you tomorrow. (じゃあまた明日ね)

(d) I must *be going.* (もうおいとましなければ)

たとえば(d)では、I must go. だと断定的な口調になるので、進行形を使って表現を和らげる効果を持たせています。

なお、次の文のwillは現在の推量を表しており、上の例とは意味が違います。

(e) He'*ll be eating* lunch now.
(彼は今昼食を食べているだろう)

POINT

未来進行形は、確定した予定を表すのに使われる。

068

「私はこの会社に十年間勤務しています」の英訳として、次の二つの文はどちらも正しいですか？

(a) I *have worked* for this company for 10 years.
(b) I *have been working* for this company for 10 years.

答と解説

文法的にはどちらも正しい文ですが、この例に関する限りは (b) の方が適切です。

学校で、こう習った人もいるかもしれません。

● 「継続（過去から今までずっと～し続けている）」の意味を表すときは、必ず現在完了進行形を使う。

しかし、現在完了形でもその意味を表すことはできます。また、次のような進行形にできない動詞の場合は、現在完了進行形は使えません。

(c) I'*ve had* [×I've been having] a cold for a week.
（私は1週間ずっとかぜをひいている）

では、この例において「(b) が適切」なのはなぜでしょうか？それは、(a) が次の意味にも解釈できるからです。

● 私はこの会社に10年間勤務したところだ。（完了）
● 私はこの会社に10年間勤務したことがある。（経験）

こうした紛らわしさを排除するためには、(b) を使うのがベターです。つまり、「現在完了形でも『継続』の意味を表すことはできるが、その意味を確実に伝えたいときは現在完了進行形を使う」ということです。

POINT

現在完了進行形は、「現在までの継続」を表す。

069

Q 「私は子供の頃からここに住んでいます」の英訳として、次の二つの文はどちらも正しいですか？

(a) I *have lived* here since I was a child.
(b) I *have been living* here since I was a child.

答と解説

はい。どちらも正しい文です。

前問で説明したとおり、継続を表す現在完了形は、現在完了進行形の代わりとして使うことができます。

ここで1つ問題となるのは、「liveは進行形にできるのか？」という点です。たとえば、次の文は正しいでしょうか？

(c) I'*m living* in Chiba.（私は千葉に住んでいます）

これは、正しい文です。ただし、進行形を使うことによって「一時的に住んでいる（将来転居する可能性がある）」ことが暗示されます。では、次の文はどうでしょう。

(d) I'm wanting to see you.（×）

(e) I'*ve been wanting* to see you for a long time.（○）
（あなたにお会いしたいとずっと思っていました）

wantは、(d) のように現在進行形にはできません。しかし、(e) のように現在完了進行形にはできます。一方、

(f) I'm knowing him.（×）

(d) I've been knowing him since he was a child.（×）
（私は彼が子供の頃から彼を知っている）

knowは現在進行形・現在完了進行形のどちらも不可です。

POINT

進行形にできる動詞は、完了進行形にもできる。

070

「私は子供の頃田舎に住んでいたことがある」の英訳として、次の二つの文はどちらも正しいですか?

(a) I *lived* in the country when I was a child.
(b) I *have lived* in the country when I was a child.

答と解説

(b) は誤り。正しいのは (a) だけです。

when I was a child (子供の頃) は、現在とはつながりのない「過去のある時点」を指しています。このような場合に使うべき正しい時制は、過去形です。次の例も同様です。

(c) When did you visit [×have you visited] the museum?

たとえ日本文が「その博物館をいつ訪れたことがありますか」だったとしても、現在完了形を使って英訳することはできません。when (いつ) は、ここでは「過去のどの時点で」という意味を表すからです。(c) への返答は、たとえば次のようになります。

(d) I *visited* [×have visited] there *last month*.
(私は先月そこを訪れました)

同様に、yesterdayやa week agoなども、現在完了形と併用することはできません。

(e) He *left* [×has left] *just a while ago*.
(彼はついさっき出たばかりだ)

POINT

現在完了形を「過去の特定の時点」を表す語句と併用することはできない。

071 Q

「私は一週間前からかぜをひいている」の英訳として、次の二つの文はどちらも正しいですか？

(a) I've had a cold *since a week ago.*
(b) I've had a cold *for a week.*

答と解説

(a) は不自然な言い方であり、(b) の方が普通です。

(a) が不自然に響くのは、sinceとagoの組み合わせによります。since（〜以来）は、過去のある時点を基点として現在に至るまでの期間を示します。一方、ago（〜前）は時間の流れを現在から過去にさかのぼる形でとらえる副詞です。つまり、両者は次のような関係にあります。

since ——→	←—— **ago**
（過去から現在へ）	**（現在から過去へ）**

このミスマッチが、since 〜 agoという表現の違和感を生むのです。この形は全く見かけないわけではありませんが、(b) のようにforを使って表現するのがベターです。

参考までに、次の例も挙げておきます。

(c) I haven'*t* [×I've never] seen him *since then.*
（彼にはその時以来一度も会っていない）

neverは「かつて一度も〜ない」の意味なので、since thenのような期間を限定する言葉と一緒に使うことはできません。

POINT

since 〜 agoという形は普通使わない。

072

「この市の人口は最近増えている」の英訳として、次の二つの文はどちらも正しいですか？

(a) The population of thiscity *is increasing recently.*
(b) The population of this city *has increased recently.*

答と解説

(a) は誤り。正しいのは (b) だけです。

ポイントは、recently (最近) と時制との関係にあります。日本語からも想像できるとおり、「彼は最近結婚した」と言えば過去のことであり、「最近体調が悪い」と言えば (近い) 過去から現在に至るまでの期間を表します。つまり、**recently**は**過去形**または**現在完了形**と一緒に使う副詞であり、現在形や現在進行形と併用することはできません。したがって (a) は誤りです。(recentlyがなければ、(a) はもちろん正しい文です)

一方、次の場合はどうでしょうか。

(c) *Nowadays* a lot of foreign workers come to Japan.
(今日では多くの外国人労働者が日本へ来る)

nowadaysは、過去と対比して「今日では」という意味を表す副詞であり、普通**現在形**または**現在進行形**とともに使います。(c) のcomeを現在完了形 (have come) にするのは誤りです。

学校英語では普通、前問のような「現在完了形と併用できない副詞 (句)」だけを学習します。しかし、本問のような「時制の制約」を伴う副詞にも注意する必要があります。

POINT

recentlyは、現在完了形または過去形とともに使う。

073

「古代の人々は地球が平らだと信じていた」の英訳として、次の二つの文のうちどちらが適切ですか？

(a) Ancient people *believed* that the earth was flat.

(b) Ancient people *had believed* that the earth was flat.

答と解説

(a) です。

高校生の英作文などでは、(b) のような誤答をしばしば見かけます。しかし、ここでは単に過去形を使うのが正しいのです。次の文と比較してみましょう。

(c) People <u>*had believed*</u> that the earth was flat before the Copernican theory appeared.
(地動説が現れる以前には、人々は地球が平らだと信じていた)

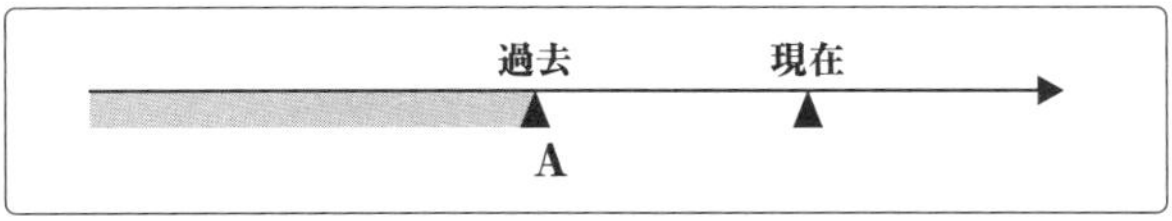

過去完了形は「過去の特定の時点に至るまでの期間」を指します。上図のAを「地動説が現れた時点」とすると、had believedは灰色の部分を指しています。このように過去完了形を含む文の中には、その基準となる「過去の特定の時点」が示されているのが普通です。

なお、(c) はbeforeの前後の時間の関係が明らかなので、下線部を過去形 (believed) で表すこともできます。接続詞がbeforeでなくwhenのときは、必ず過去完了形を使います。

POINT

必然性のない過去完了形を使ってはならない。

074

「暗くならないうちにホテルに着きたい」の英訳として、次の文は正しいですか？

(a) I want to reach the hotel before it will get dark.

答と解説

いいえ。will getをgetsに変える必要があります。

学校で習う「時や条件を表す副詞節中では、未来のことも現在形で表す」という有名なルールの一例です。

「副詞節」という言葉は、あまり気にしなくても大丈夫です。「時を表す接続詞（when, after, before, till, as soon asなど）や条件を表す接続詞（if, unless）の後ろでは、willは使わない」と覚えておけば、だいたい間に合います。

(b) I will wait here till she *comes*［×will come］.
（彼女が来るまでここで待ちます）

(c) I won't go fishing if it *rains*［×will rain］tomorrow.
（明日雨が降ったら釣りには行きません）

では、なぜこうした場合にwillを使わず現在形で表すのでしょうか？ たとえば（c）のif it *rains* tomorrowで考えてみましょう。話し手は、「明日雨が降るだろう」と思っているわけではありません。時や条件を表す接続詞中で未来の内容を述べた場合、それは現実から切り離された想像にすぎず、特定の時制で表現するのは適当でない、という心理が働きます。したがって古い英語では、これらの節中では（時制をもたない）動詞の原形を使っていました。今日の英語では、原形の代わりに現在形を使うようになったのです。

POINT

時や条件を表す接続詞の後では、willは使わない。

075

「彼が来るかどうかは問題ではない」の英訳として、次の二つの文のうちどちらが適切ですか？

(a) It doesn't matter whether he *comes* or not.
(b) It doesn't matter whether he *will come* or not.

答と解説

(a) です。

学校文法にこだわる人なら、こう考えるかもしれません。

「文頭のItはwhether以下を受ける形式主語であり、whetherは『～かどうか』という意味の名詞節を作っている。名詞節の中では未来のことはwillを使って表すはずだ。」

一見もっともな理屈に思えますが、実はItは形式主語ではなく、「漠然と状況を表す」用法と考えるのが正しいのです。whether節を前に出して考えると、わかりやすいでしょう。

(a)' *Whether he comes or not*, it doesn't matter.

この文は「彼が来ようと来るまいと問題ではない」と訳すことができます。したがって下線部は副詞節です。

(c) It doesn't matter to me *who is elected*.
(誰が選ばれようと私にはどうでもよい)

この文のItは形式主語（下線部は名詞節）ですが、しばしば現在形が使われます。一般に、「譲歩（たとえ～だとしても）」の意味を表す節の中では現在形を使います。前問のif（～ならば）の節中でwillを使わないのと同様です。

(d) I don't care [mind] *what happens* [×will happen].
(何が起きようと私は気にしない [かまわない])

POINT

「たとえ～でも」の意味は、現在形で表す。

076

「私は明日ニューヨークへ向けて出発します」の英訳として、次の三つの文はどれも正しいですか？

(a) I *leave* for New York tomorrow.
(b) I'*m leaving* for New York tomorrow.
(c) I'*ll leave* for New York tomorrow.

答と解説

はい。三つとも正しい文です。

(a) (b) に関して、現在形には「確定した未来の予定」を表す用法があります。また現在進行形も、近い未来の予定を表すことができます。これらの形は「**往来発着**」を表す動詞(**go, come, start, leave, arrive**など)にしばしば使われます。特に、「変更不可能な未来の予定」を表す場合は、現在形を使うのが普通です。

(d) The game *starts* at six.
(試合は6時に始まります)

(e) We *dine* [*are dining*] out this evening.
(今晩は外で食事だ)

上の説明から、次のことも言えます。

(f) I don't know when he arrives. (○)
(彼がいつ到着するのか私は知りません)

学校文法では、「下線部は名詞節だから、arrivesはwill arriveとしなければならない」と説明されるのが普通です。しかし、(f) は全く問題のない文です。arrives (現在形) が確定した未来の予定を表すと考えればよいのです。

POINT

現在形・現在進行形は「未来の予定」を表せる。

077

「ぼくの誕生日は八月十日だ、と彼は言った」の英訳として、次の二つの文のうちどちらが適切ですか？

(a) He said his birthday *is* August 10.
(b) He said his birthday *was* August 10.

答と解説

どちらを使ってもかまいません。

学校英語では、「(a) の方が正しい」と習ったかもしれません。「彼の誕生日は不変の事実だから、『時制の一致』を受けない」というわけです。

しかし実際には、(b)のような言い方も普通に聞かれます。意味に応じて形を変えるよりも、「時制の一致」という一つの決まりを常に適用する方が簡単だからです（この心理を英文法の専門用語では「心的惰性」と言います）。

(c) What did you say your name was?
(お名前は何とおっしゃいましたか)

相手の名前はおそらく今も同じはずですが、下線部はwasを使うのが慣用的であり、isとは言いません。

(d) The earthquake last night was the biggest I have ever experienced.
(ゆうべの地震は、私が今までに経験した中で一番大きかった)

下線部はhad ever experienced（過去完了形）でも間違いではありませんが、この文の場合は「今までに経験したことがない」という意識が働くので、haveの方が自然です。

POINT

「時制の一致」は、ある程度機械的に適用できる。

078

「彼はそのテストに合格することができた」の英訳として、次の二つの文はどちらも正しいですか？

(a) He *could* pass the test.
(b) He *was able to* pass the test.

答と解説

正しいのは(b)だけです。(a)は和文の意味にはなりません。

(a)は、「彼は（ひょっとしたら）そのテストに合格するかもしれない」または「彼は（もっと勉強すれば）そのテストに合格できるのに」の意味です。後者は仮定法の解釈であり、if he studied harderなどを補って考えるとよいでしょう。

couldは、過去において一回限り行為が「できた」という意味では使いません。ただし、「あることをする能力や機会を持っていて、しようと思えばいつでもできた」という場合は、一回限りの行為でもcouldが使えます。また、could notは「できなかった」の意味で広く使えます。

(c) He *could* speak English.
（彼は英語を話すことができた）
(d) He *couldn't* pass the test.
（彼はそのテストに合格できなかった）

なお、一般に「助動詞の過去形」が過去のことを表すのはまれです。たとえばHe *might* be sick. は「彼は病気かもしれない［×かもしれなかった］」の意味です。また、「私はバスに乗るつもりだった」をI would take the bus. と英訳することはできません（正しくはI *was going to* take the bus.）。

POINT

過去の一回の行為が（努力によって）「できた」という意味ではcouldは使わない。

079

He must clean his room. の解釈は「彼は自分の部屋を掃除しなければならない」が普通だと思いますが、「彼は自分の部屋を掃除するに違いない」の意味にも解釈できますか？

答と解説

できません。

mustは、普通次のように意味を区別します。

- **must＋動作動詞 ＝ ～しなければならない**
- **must＋状態動詞 ＝ ～に違いない**

cleanは動作動詞なので、must cleanを「掃除するに違いない」と解釈することはできません。次の例はその逆です。

(a) Your costume *must seem* funny.
（君の衣装はこっけいに見えるに違いない）

下線部を「見えねばならない」と訳すことはできません（seemは状態動詞）。

なお、mayの場合は事情が違います。たとえばHe may come. の下線部は「来てもよい」「来るかもしれない」の二通りに解釈できます。

また、〈must＋have＋過去分詞〉の形には「～したに違いない」の意味しかありません。

(b) He *must have cleaned* his room.
（彼は自分の部屋を掃除したに違いない）

POINT

動作動詞・状態動詞の違いが意味の差に現れる。

080 Q

職場の出勤時刻が八時までと決められている場合、次の二つの文のうちどちらが適切ですか？

(a) We *must* go to the office by 8 o'clock.
(b) We *have to* go to the office by 8 o'clock.

答と解説

(b) です。

学校では普通「must＝have to (～せねばならない)」と習いますが、両者の意味は全く同じではありません。

mustは「(話し手や聞き手によって課される) 主観的な義務」を表します。一方、have toは「(規則などによって課される) 客観的な義務」を表します。この質問の場合、八時までに出勤するのは社内の規則で決められていることなので、have toを使うのが自然です。

ただし、この区別は絶対的なものではなく、ネイティブ・スピーカーの中には (a) (b) の両方を認める人や、(a) だけを認める人もいます。

(c) I *must* be going.
(もうおいとましなければなりません)

(d) I *must* buy her new CD.
(彼女の新しいCDをぜひ買わなくちゃ)

これらの文では主観的に (自分で自分に) 義務を課しているので、mustが使われています。(d) は実質的に「ぜひ～したい」という気持ちを表します。主語がYouなら、相手に対して「絶対買うべきだ」と勧めることになります。

POINT

mustは主観的な、have toは客観的な義務を表す。

081

「医者にみてもらう方がいいよ」の英訳として、次の二つの文のうちどちらが適切です？

(a) You *had better* see a doctor.
(b) You *should* see a doctor.

答と解説

(b) です。(a) は使わないようにしましょう。

学校英語では普通、次のように習います。

- had better ＝ ～する方がよい
- should ＝ ～すべきだ

日本語だけを見るとshouldの方が強制力が強いようにも感じられますが、実際は逆です（特に主語がyouの場合）。

たとえばYou *had better* come. は、単に「来る方がいい」という忠告を表す場合もありますが、状況や言い方によっては「来ないとどうなっても知らないぞ」という強い意味にもなります。

Maybe you had better come.（来た方がいいんじゃないかな）のように副詞を補って意味を和らげることはできますが、「～する方がいい」に対する一般的な英語としては、shouldまたはought toを使うようにしましょう。

なお、義務や必要を表す助動詞を意味の強い順に並べると、おおむねmust, have to, ought to, shouldとなります。ought toとshouldの意味・用法は、ほとんどオーバーラップすると考えてかまいません。

POINT

「～する方がいい」と言いたいときは、had betterではなくshouldを使う。

082

We might have lost our way.という文の話し手たちは、実際に道に迷ったのでしょうか？

答と解説

その解釈と、そうでない解釈とが可能です。

この文は、次の二つの意味に解釈できます。

①「might＝mayを弱めた表現」と考えると、It is possible that we (have) lost our way.（私たちは道に迷った可能性がある）の意味に解釈できます。

② 仮定法のif節が省略されていると考えると、たとえば「（もし地図を持っていなかったら）私たちは道に迷ったかもしれないのに」の意味に解釈できます。

①は「道に迷った可能性がある」、②は「実際は道に迷わなかった」ということですから、両者の意味は全く違います。

①と②の類例を、一つずつ挙げておきます。

(b) He *should have reached* the hotel by now.

（彼女は今ごろはもうホテルに着いているはずだ）

should, ought toには、「～すべきだ」（義務）のほか「～のはずだ」（推量）の意味があります。この文は「過去の事実の反対」を意味しているわけではありません。

(c) I *could have cried* for joy then.

（私はそのとき嬉しくて泣きたいくらいだった）

実際には泣かなかったわけですから、この文は仮定法のバリエーションと考えることができます。

POINT

〈助動詞＋have＋過去分詞〉の二義性に注意！

083

「彼はここに来たかもしれない」はHe may [might] have come here. ですが、「彼はここに来ただろう」はどのように英訳すればいいですか？

答と解説

I think he came here. またはHe probably came here. が無難でしょう。

文法的には、もちろん次の形が使えます。

(a) He *will have come* here.

推量（～だろう）を表すwillの後ろに〈have＋過去分詞〉の形を置けば、「～しただろう」の意味になります。ただ、この形は未来完了形と同じですから、「(未来のある時点において) 彼はここに来ているだろう」などの意味にも解釈できます。したがって、過去形のcameを使って表す方が意味が明確になります。

ところで、次の文はどうでしょうか？

(b) He *would have come* here.

willをwouldを弱めた形と考えれば、上と同じ解釈も理屈の上では可能です。しかし、この文は「(別の用事がなければ) 彼はここに来ただろうが (実際は来なかった)」のような意味、つまり仮定法過去完了と解釈するのが普通です。

このように〈助動詞＋have＋過去分詞〉の形にはさまざまな解釈が可能なので、意味がより明確になる別の表現がある場合は、そちらを使う方がよいでしょう。

POINT

〈助動詞＋have＋過去分詞〉の形は多用しないこと。

084

「あんなにたくさん飲むんじゃなかった」の英訳として、次の二つの文はどちらも正しいですか？

(a) I *shouldn't have drunk* so much.
(b) I *wish I hadn't drunk* so much.

答と解説

はい。どちらを使ってもかまいません。

ただし、両者の意味は多少違います。(a) の〈should + have + 過去分詞〉の形は、「～すべきだったのに (実際はそうしなかったことが残念だ)」の意味を表します。下線部のような意味が含まれるのは、この表現が仮定法に由来するからです。

一方 (b) の〈I wish + 仮定法過去完了〉は、「～すればよかったのになあ」という意味です。つまり、(a) では後悔、(b) では願望の気持ちが表されています。

したがって、たとえば「酒好きな上司に無理やり勧められたので、仕方なくたくさん飲んでしまった」ような場合、自分の意志の弱さを反省する気持ちが強ければ (a) を、上司に付き合わされたのが不運だったいう気持ちなら (b) を使うのが自然です。

なお、I wishには必ず仮定法の節を続けます。たとえばI hope he will succeed. (彼が成功するとよいと思う) のhopeをwishに置き換えることはできません。I *wish* he *would* succeed. という文は可能ですが、これだと「彼は成功すればよいのだが (実際は無理だろう)」の意味になります。

POINT

I wishに続く節中では、常に仮定法を使う。

085

「タクシーを使えばもっと早くそこに着けます」の英訳として、次の二つの文はどちらも正しいですか？

(a) If we *take* a taxi, we *can get* there earlier.
(b) If we *took* a taxi, we *could get* there earlier.

答と解説

はい。(b)(仮定法過去)は、(a)とほぼ同じ意味で使うことができます。

このような疑問を持つ人も、当然いるでしょう。

「(b)だと、『しかし実際にはタクシーは使わない(からそこへすぐには着けない)』の意味になるのではないか？」

もちろん(b)はその意味にも解釈できますが、単に未来のことを(ためらいがちに)仮定する場合にも使えるのです。特に、相手に何かを依頼する場合は、意味を和らげるために仮定法過去をしばしば使います。

(c) *Would* you mind if I *smoked* here?
(ここでたばこを吸ってもかまいませんか)

この文は仮定法であり、*Do* you mind if I *smoke* here? よりも丁寧な言い方です。「私がここでたばこを吸うことは実際にはないのですが、もし吸うとしたら…」のように遠回しに表現したものです。次の例も同様です。

(d) I'*d appreciate* it if you *helped* me.
(お手伝いいただけるとありがたいのですが)

POINT

仮定方は、丁寧な言い方をしたい場合にも使える。

ネイティブ英語の常識テスト③

次のそれぞれの英文に誤り、または不適切な箇所があれば、訂正してください。なければ○をつけてください。

(1) 電話が鳴ったとき私はCDを聞いていた。
I was hearing a CD when the telephone rang.

(2) 「もう終わったかい？」「まだだよ」
"Are you finished?" "Not yet."

(3) お茶をもう一杯いかがですか。
Do you like another cup of tea?

(4) 彼の会社は倒産したそうだ。
His company is said to go bankrupt.

(5) この博物館に来るのはこれが二度目です。
This is the second time I come to this museum.

(6) ホテルには遅れて着くことになりそうです。
I'm afraid I'll reach the hotel lately.

(7) すべらないように注意しなさい。
Be careful you don't slip.

(8) あなたの隣に座ってかまいませんか。
Will you mind my sitting next to you?

(9) もう仕事に戻る時間だぞ。
It's time you will return to work.

(10) 私には息子が二人いて、大阪と名古屋に住んでいます。
I have two sons. One lives in Osaka, and the other does in Nagoya.

ネイティブ英語の常識テスト③・解答

(1)【正解】hearing → listening to

hearは普通「聞こえる［耳に入ってくる］」の意味を表し、意識して耳を傾ける場合はlisten toを使います。

(2)【正解】○

このfinishedは「終わっている」という意味の形容詞です。doneにも同じ意味があり、I *am done.*（終わりました）のように言うことができます。

(3)【正解】Do → Would

〈Do you like ～?〉は「あなたは～が好きですか」。〈Would you like ～?〉が決まり文句です。「私はコーヒーをいただきます」は、I'*d like* coffee. と言います。

(4)【正解】to go → to have gone

〈is said to ～〉は「～と言われている［～だそうだ］」の意味を表しますが、go bankruptだと「倒産した」という過去（または現在完了）の意味にはなりません。倒産したのは「言われている」時点よりも前のことなので、完了不定詞（to＋have＋過去分詞）を使います。

(5)【正解】I come → I've（ever）been

「私がこの博物館に来たことのある二度目」のように考えて、経験を表す現在完了形を使います。

(6)【正解】lately → late

lateには、「遅い」(形容詞) のほか「遅れて」(副詞) の意味もあります。latelyは「最近」の意味です。

(7)【正解】○

Be careful not to slip. とも言いますが、この文のようにthat節を続ける形も可能です。

(8)【正解】Will → Would[Do]

〈Do [Would] you mind ～?〉の形が正しく、〈Will you mind ～?〉とは言いません。

(9)【正解】will return → returned

It's timeに続く節中では、仮定法過去を使います。「もう～するはずの時間だ (しかし実際はまだしていない)」という、現在の事実の反対を暗示するからです。単にIt's time. と言えば、「もう時間だ」の意味です。

(10)【正解】does → 削除

代動詞のdoは、前に出てきた動詞以下の全体を指します。たとえばDid you *go there*? という疑問文に対してYes, I did. とは言えますが、Yes, I *did there*. とは言えません。ここでは、livesの繰り返しを避けるために、二つ目のlivesを省略するのが自然です。

PART4

「英語らしい文」の作り方

「彼の英会話力はすばらしい」という日本語を英訳する場合、His ability to speak English is wonderful. と言うのは「英語的」ではありません。より適切な表現の例は、He can speak English very well. です。こうした点を理解するためには、英語と日本語の「発想の違い」を知っておかねばなりません。この章では、文法的に正しいだけでなく、英語として自然な表現ができる力を身につけるためのポイントを説明していきます。

086

「今日は天気がいい」の英訳として、次の二つの文のうちどちらが適切ですか？

(a) It's *fine* today.
(b) It's *a fine day* today.

答と解説

(a) も間違いではありませんが、(b) の方が適切です。

(b) が好まれる理由は、(a) だと意味があいまいすぎるからです。It's fine today. は「今日は (私には) 都合のいい日だ」などの意味にも解釈できます。実際の会話では、天候について話していることが明らかな状況であれば、(a) を使ってももちろんかまいません。

一般的に言えば、多くの意味を持つ基本語よりも、より意味の限定された語を使う方が、誤解が少なくなります。

意味があいまいになる例を挙げてみましょう。

(c) He doesn't look very *good.* (△)

この文は、「彼はあまり元気ではなさそうだ」「彼はあまりいい人ではなさそうだ」の二通りに解釈できます。前者の意味を表したいなら、goodでなくwellを使う方がよいでしょう。

(d) The boy is too *bad* to go to school. (△)

この文のbadも、「体の具合が悪い」「素行が悪い」の両方に解釈できます。前者の意味なら、sickやillを使うのがベターです。

POINT

意味が広すぎる基本語の多用は避ける。

087

「私は昼食を食べた」の英訳として、次の二つの文のうちどちらが適切ですか？

(a) I *ate* lunch.
(b) I *had* lunch.

答と解説

(a) です。(b) だと意味があいまいになります。

次の文と比較してみましょう。

(c) I *had* [*ate*] lunch at eleven thirty.
（私は十一時半に昼食を食べた）

この場合は、hadでかまいません。(b) が好ましくないのは、「私は弁当を持っていた」の意味に解釈される可能性があるからです。lunchには「昼食」のほか「弁当」の意味もあるので、I had lunch. だけでは必ずしも「食べた」の意味にはならないのです。

(d) What do you usually *eat* for breakfast? (△)
(e) What do you usually *have* for breakfast? (○)

どちらも「あなたはふだん朝食に何を食べますか」の意味ですが、この場合は (d) よりも (e) を使う方がよいでしょう。(e) のhaveが「食べる」の意味であるのは明らかであり、eatよりもhave の方が上品に響くからです。

なお、「食べる」の意味のhaveは動作動詞なので、I'*m having* lunch now.（私は今昼食を食べているところだ）のように、進行形にすることができます。

POINT

意味があいまいな表現は避ける方がよい。

088

「彼の姉は実業家の男性と結婚した」の英訳として、次の文は正しいですか？

(a) His sister *was married to* a businessman.

答と解説

間違いとは言えませんが、次の文の方がベターです。

(a)' His sister *got married to* a businessman.

なぜなら、(a) は「彼の姉は実業家の男性と結婚<u>していた</u>」という意味にも解釈できるからです。次の例を見てください。

(b) The bridge *is painted* every year.
（その橋は毎年塗り替えられる）

(c) The bridge is *painted* white.
（その橋には白いペンキが塗られている）

受動態 (is painted) が、(b) では「塗られる」という動作を、(c) では「塗られている」という状態を表しています。このように受動態には「動作」「状態」の二つの意味があるので、動作の意味を明確にしたいときはgetを使います。

- *be* married to ＝ ～と結婚する［結婚している］
- *get* married to ＝ ～と結婚する

なお、形容詞についても同じことが言えます。

(d) I *was* sick ［tired］.
（私は気分が悪かった［疲れていた］）

(e) I *got* sick ［tired］.
（私は気分が悪くなった［疲れた］）

POINT

be（～である）とget（～になる）を使い分けよう。

089

「日本は資源の乏しい国です」の英訳として、次の文は正しいですか？

(a) Japan is a country that isn't rich in natural resources.

答と解説

文法的には問題ありませんが、次の文の方がより適切です。

(a)' Japan *isn't rich* in natural resources.

Japanと言えば、日本という「国」を指すのは明らかです。だから、いちいちcountryという語を使う必要はありません。「国」という言葉を特に強調したいような文脈でない限り、(a) よりも (a) 'の方が簡潔で好ましい表現です。

別の例を挙げてみます。「私は最終列車に乗り遅れる場合がよくある」に対する、こんな誤訳を時に見かけます。

(b) *There are many cases where* I miss the last train. (×)

直訳にこだわって、こうした不必要に複雑な文を作ってはいけません。I *often* miss the last train. と言えば十分です。

もっと簡単な例を挙げると、日本人はWhat time is it *now*? (今何時ですか) とよく言いますが、nowは不要です。現在の時刻を尋ねていることは明らかですから。

また、I like singing *songs*. (私は歌を歌うのが好きです) は、単にI like singing. と言う方が自然です。「歌う」ものは歌に決まっています。同様に、I like reading books. やI like drinking alcohol. の下線部は省略できます。

POINT

言わなくてもわかる言葉は、省く方がよい。

090

「めがねをかけているあの男性は誰ですか」の英訳として、次の文は正しいですか？

(a) Who is that man wearing a pair of glasses?

答と解説

いいえ。次のように訂正する必要があります。

(b) Who is that man wearing *glasses.*

(a) は文法的に間違いとは言えませんが、直訳すると「一つのめがねをかけているあの男性は誰ですか」となります。一度に二つ以上のめがねをかける人は普通いませんから、a pair ofは不要です。次の文と比較してください。

(c) I bought *a pair of glasses* yesterday.
(私はきのうめがねを一つ買った)

この場合は、「一つ」という数に意味があるのでa pair ofを使います。また、I bought *glasses* yesterday. だと「私はきのう (いくつかの) コップを買った」と誤解されます。

似た例を挙げてみましょう。

(d) Mariko practices playing the piano every day.
(マリコは毎日ピアノをひく練習をします)

*practices the piano*で十分。playingは不要です。

(e) How many meters long is this tunnel?
(このトンネルは何メートルの長さですか)

トンネルの長さの単位は決まっていますから、*How long is this tunnel?* と言えば十分です。

POINT

直訳にこだわりすぎるのは危険。なるべく簡潔に。

091

「今日はとても寒い」の英訳として、次の二つの文はどちらも正しいですか？

(a) *Today is* very cold.
(b) *It's* very cold *today*.

答と解説

(b) が文法的に正しい表現ですが、(a) の形も実際には使われます。

(b) のItは、「非人称のit」と言われるものです。天候・時間・距離・状況など、主語を明確に表現できないとき、形式的な主語としてitを使います。It's ten o'clock now.（今十時です）のItなども、同じ用法です。ただしこの例ではtodayを名詞として使い、(a) のように言うことも可能です。

(c) *Summer* is hotter than spring.
（夏は春よりも暑い）

これも本来は*It* is hotter *in summer* than in spring. と言うべきですが、economy of words（語数の節約）の心理から、(c) の形もよく使われます。

一方、次のようなケースもあります。

(d) *Today* is Sunday.（○）
(e) *It*'s Sunday today.（△）
（今日は日曜日です）

この場合は (d) の方が「Today＝Sunday」という関係が明確であり、文のリズムからも (d) の方が好まれます。

POINT

天候や時間などを表す文では、itを使わず簡潔に表現する場合もある。

092

「今日は授業が5時間あります」の英訳として、次の二つの文はどちらも正しいですか？

(a) *Today has* five classes.
(b) *We have* five classes today.

答と解説

(b) です。(a) のようには言いません。

前問と似ていますが、「授業を持っている」の主語は「人」でなければなりません。

一般に英文を作るときは、「人」を主語にするとうまく表現できる場合が少なくありません。たとえば「彼の歌は下手だ」を英訳する場合、*His songs* are bad. と直訳するよりも、*He* doesn't sing very well. (彼はあまり上手に歌わない) のように「人」を主語にする方が自然な英語になります。

(c) *A big earthquake occurred* yesterday.

(d) *We had a big earthquake* yesterday.
(きのう大きな地震があった)

(c) (d) はどちらも正しい文ですが、(c) は事実をありのままに述べています。一方 (d) は地震を自らに関係する問題としてとらえており、より親しみのわく表現と言えます。

(e) *My bicycle was stolen* last week.

(f) *I had my bicycle stolen* last week.
(先週自転車を盗まれた)

(f) のような言い方が生まれたのも、英語が「人を主語にする文」を好むことの表れと言えます。

POINT

英語では「人」を主語にする文が好まれる。

093

「フランスの大統領を知っていますか」の英訳として、次の文は正しいですか？

(a) Do you know the President of France?

答と解説

誤りです。たとえば、次のように訂正する必要があります。

(b) Do you know *the name of* the President of France?

(フランスの大統領の名前を知っていますか)

(a) は「あなたはフランスの大統領と個人的に面識がありますか」の意味です。和文がその趣旨であれば (a) は正しい英訳ですが、「名前を知っているかどうか」の意味で (a) を使うことはできません。

なお、質問の和文が「フランスの大統領のことを知っていますか」という意味であれば、次のように言えます。

(c) Do you know *about* [*of*] the President of France?

know himは「彼を直接知っている」、know *about* [*of*] himは「彼のことを (人から聞くなどして間接的に) 知っている」という意味です。

似た例をもう1つ挙げてみましょう。

(d) I was surprised *at* today's newspaper. (×)

(私は今日の新聞を見て驚いた)

「新聞紙の外見が普段とは違っていた」という状況なら、この英訳でいいでしょう。しかし新聞の内容に驚いたのなら、たとえばI was surprised *to read* [*at the headline of*] today's newspaper. のように言うべきです。

POINT

状況に応じて和文の意味を補って考えることも必要。

094

「あなたは英語を話せますか」の英訳として、次の二つの文のうちどちらが適切ですか？

(a) *Can* you speak English?
(b) *Do* you speak English?

答と解説

(a)も間違いではありませんが、(b)の方が普通の表現です。

意味の違いを強調して訳すと、次のようになります。

(a)「あなたは英語を話す能力がありますか」

(b)「あなたは英語を習慣的に話しますか」

英語を習慣的に話している人には当然その能力がありますから、(b)は実質的に「英語を話せますか」と尋ねているのと同じです。

では、なぜ(a)は好ましくないのでしょうか？ その理由は、何となく想像できるでしょう。相手に対して「〜の能力がありますか」と尋ねるのは、少し無作法に響きますよね。言語能力や、スポーツ・楽器演奏などについて「〜ができますか」と尋ねるときは、canを使わずにDo you 〜? と質問するのが無難です。

なお、「あなたはこのソフトを使えますか」のような場合は、文字通り能力を尋ねることに主眼があるので、*Can* you use this software? と言うのが自然です。

POINT

Can you 〜? でなくDo you〜? と尋ねる方がよい場合もある。

095

「ご趣味は何ですか」と尋ねる場合、What's you hobby?という言い方は好ましくない、と聞いたことがあります。なぜですか？

答と解説

英語のhobbyは日本語の「趣味」よりも意味が狭く、hobbyを持たない人もいるからです。

hobbyとは、本業以外に楽しみのために行う積極的活動を言います。「活動」という日本語にそぐわないものは、hobbyではありません。たとえば、ジョギング・日曜大工・ガーデニング・切手収集などはhobbyです。一方、読書・音楽鑑賞・テレビゲーム・カラオケなどはpastime（娯楽）であって、hobbyではありません。

日本では読書やカラオケも「趣味」の一つですから、「趣味は何ですか」に対応するより適切な英訳は、次のようなものになるでしょう。

(b) What are you interested in?
（あなたは何に興味がありますか）

(c) What do you do in your spare time?
（あなたは余暇に何をしますか）

なお、hobbyという語を使う場合は、Do you have any *hobbies*?（何か趣味をお持ちですか）のように複数形で尋ねるのがベターです。趣味は一つとは限らないからです。

POINT

hobbyと日本語の「趣味」とはイコールではない。

096 Q

「私には十歳になる息子がいます」の英訳として、次の二つの文のうちどちらが適切ですか？

(a) My son is ten years old.
(b) I have a son who is ten years old.

答と解説

和文に相当する英訳として適切なのは、(b) です。

(a) と (b) はどちらも正しい文ですが、意味の違いがわかりますか？ (b) は「私には息子が一人いて、その子は10歳です」という意味を表します。一方 (a) では話し手の息子のことが既に話題になっている（話し手に息子がいることを聞き手が既に知っている）状況を前提として、「私の息子は10歳です」という意味を表します。質問の日本文は話し手が自分の息子のことを相手に初めて語る状況と考えられるので、(b) を使うべきです。

なお、「十歳の息子」は、a ten-year-old sonとも表現できます。yearsではない点に注意してください。「数詞＋ハイフン＋名詞」の形で形容詞を作る場合、名詞は必ず単数形にします。

(d) a two-week vacation（二週間の休暇）
(e) a five-dollar bill（五ドル紙幣）

また、「十歳の息子」はa son *of ten years old*とも表せます。a letter *of two days ago*（二日前の手紙）などと似た言い方です。

POINT

形の正しさだけでなく、状況に最も合う文を考える。

097

Where are you from?(どちらのご出身ですか)という質問に対して、I'm Japanese. のように答えてもかまいませんか？

答と解説

はい。全くかまいません。

英語では原則として、返答の文は質問の文と同じ形にします。たとえばWho broke the window? という質問に対してはTom did. のように答えるのが正しく、It's Tom. などとは普通言いません。しかし実際の会話では、簡潔な言い方で意味が通じれば、質問文とは違う形で答えてもよいのです。

たとえばWhat's his nationality?（彼の国籍はどこですか）という質問に対する普通の答え方はHe's (a) Japanese. であり、It's Japan. ではありません。

(a) Do you mind if I smoke?

（たばこを吸ってもかまいませんか）

mindは「気にする、いやがる」という意味です。「かまいませんよ」と答えたいときは、Not at all. とかCertainly not. のように、否定の形で表現するのが原則とされています。しかし実際の会話では、All right. やSure. あるいはYes, certainly. のような言い方をすることもあります。逆に「たばこを吸ってほしくない」と言いたい場合、Yes, I do. と答えたのではストレートすぎるので、Well, I'd rather you didn't. などの遠回しな表現を使う方が無難です。

POINT

返答の文は質問の文と同じ形でなくてもよい。

098

「彼女は私が一番好きな歌手です」の英訳として、次の三つの文はどれも正しいですか？

(a) She is the singer whom I like best.
(b) She is the singer that I like best.
(c) She is the singer I like best.

答と解説

文法的にはどれもOKですが、(c) が最も普通です。(b) も時に使われますが、(a) は日常会話ではほとんど使われません。

これは、文法ではなく「文体」の問題です。学校文法では (a) のwhom（目的格の関係代名詞）が頻繁に登場しますが、実際の英語ではたいていwhomをwhoで代用します。また、目的格の関係代名詞は省略されるのが普通です。

(d) The people *with whom I worked* were all friendly.
(d)' The people *whom I worked with* were all friendly.
(d)" The people *I worked with* were all friendly.
（私が一緒に仕事をした人たちはみんな好意的だった）

この三つはどれも正しい文ですが、日常会話で使う表現としては、言うまでもなく (d)"が最も自然です。

(e) Look at that house *whose roof is red.* (△)
(e)' Look at that house *with a red roof.* (○)
（あの赤い屋根の家を見なさい）

これも、学校では (e) のような例文を習いますが、(e)'の方がはるかに自然な表現です。

POINT

関係代名詞のwhom, whoseは、なるべく使わない。

099

「山田くんは君に劣らず熱心に働く」の英訳として、次の文は正しいですか？

(a) Yamada works *no less* hard *than* you.

答と解説

文法的には間違っていませんが、好ましい表現ではありません。次の方が自然な言い方です。

(b) Yamada works *as* hard *as* you.

(山田くんは君と同じくらい熱心に働く)

確かに学校では、このように習います。

● no less 〜 than … = …と同様に[に劣らず]〜

しかし、「同様に」は「同じくらい」という意味ですから、もっと普通の言い方である〈as 〜 as …〉の形を使うことによってすべて処理できます。no lessは否定の意味を持つ語が二つ並んでいるため回りくどく、また「no less＋副詞」の形は日常会話では一般的ではありません。

次の例も同様です。

(c) Illness made me unable to attend the party.

(私は病気のためにパーティーに出席できなかった)

受験英語で言う「無生物主語」ですね。文法的には間違っていませんが、人間(I)を主語にする方がずっと自然です。

(d) I couldn't attend the party because I was ill [sick].

「できるだけシンプルな形で表現する」よう心がけることが、英語の表現力を高めるためには最も大切です。

POINT

受験英語で覚えた慣用表現をむやみに使わない。

100 Q

「雨が降ってきた」の英訳として、次の二つの文はどちらも正しいですか？

(a) It's *beginning raining.*
(b) It's *beginning to rain.*

答と解説

文法的にはどちらも正しい文ですが、(b)を使うべきです。

「雨が降り始める」は、begin rainingでもbegin to rainでも表せます。しかし(a)は、～ing形が連続して出てくる点に大きな違和感があります。

この「違和感」が、英語の表現力を磨く上ではとても大切なのです。わかりやすい例を挙げてみましょう。

(c) *That* this project will be successful *is certain.* (△)

(c)' *It's* certain that this project will be successful. (○)

(この企画が成功することは確実だ)

(c)よりも(c)'の方が自然な文であることは、感覚的に理解できるでしょう。(c)のような「頭でっかち」の(主語が長くて述語動詞がなかなか出て来ない)文は、極力避けるべきです。形式主語構文は、そのために存在するのです。また、(c)は冒頭のThat thisの部分も、口調の面で抵抗感があります。たとえば、My *brother's friend's company's* stock price dropped sharply. (兄の友人の会社の株が暴落した)のような文を見れば、「所有格が三つも続くのは口調が悪い」と感じるはずです。英文を作る際には、そうした点にも気を配るようにしましょう。

POINT

文全体の「言葉のリズム」にも配慮が必要。

101

「たくさんのハトが私たちのまわりに集まってきた」の英訳として、次の四つの文はどれも正しいですか？

(a) A lot of doves came to us.
(b) A lot of doves came around us.
(c) A lot of doves came flying to us.
(d) A lot of doves got together around us.

答と解説

(b) と (d) は誤り。(c) は文法的には正しい文ですが、最も普通の表現は (a) です。

(b) のcame aroundには「やって来る」の意味がありますが、普通は自動詞として使います。came around the cornerとは言えますが、came around usは誤りです。
(c) は正しい文ですが、flyingは不要です。ハトは飛ぶものに決まっていますから。なお、A lot of doves *flew* to us. ならＯＫです。

(d) のgot togetherは「人が何かの目的のために集まる」という意味なので、ハトを主語にするのは誤りです。

学校文法の知識だけだと、(a) ～ (d) の文はどれも正しいように思えるかもしれません。しかし実際の英語の運用に当たっては、個々の表現の使い方を正確に知っておく必要があります。

これら四つの文に見られるような意味や語法の細かな違いを意識的に考える習慣を養えば、あなたの英語力は確実に向上するはずです。

POINT

意味が似ている言葉でも、使い方はそれぞれ異なる。

102 Q

次の二つの文に、意味の違いはありますか？

(a) I said *nothing* at the meeting.
(b) I did*n't say anything* at the meeting.

答と解説

日常会話レベルでは、同じ意味と考えてかまいません。

(a) (b) はどちらも、「私は会議で何も言わなかった」と訳すことができます。たとえば、I have no money. = I don't have any money. です。

ただし、(a) と (b) にも微妙な違いはあります。それを意識して訳すと、こんな感じになります。

(a)「(普通なら会議では何か発言するところだが) 私の会議での発言は一つもなかった」

(b)「私は会議で何か発言したかというと、何も発言しなかった」

要するに (a) ではnoがthingという単語を否定しているのに対して、(b) では「会議で何か言った＋のではない」のようにnotが文全体の事実を否定しているのです。

また、次のようなnoはanyでは言い換えられません。

(c) He gets angry over *nothing.*
(彼は何でもないことで腹を立てる)

(d) He came from *nowhere.*
(彼はどこからともなく来た)

POINT

一般に、〈no＝not＋any〉と言い換えられる。

103

「誰も彼の説明を理解できかった」の英訳として、次の二つの文はどちらも正しいですか？

(a) Nobody could understand his explanation.
(b) Anybody couldn't understand his explanation.

答と解説

(b) は誤り。正しいのは (a) だけです。

ここでも「否定語はなるべく前に置く」というルールが適用されます。(b) のように「any ～ not」の語順を持つ文は、常にnoを使って (a) のように言い換えることができます。(a) の方が (b) よりも否定語 (Nobody) が前に来ているので、この言い方が正しいのです。「〈any + not〉の語順は間違い」と覚えておいてかまいません。

では、(a) を受動態にした場合はどうでしょうか？

(c) His explanation was understood by *nobody*. (×)
(c)' His explanation wasn't understood by *anybody*. (○)

この場合も、否定語 (not) を前に置く (c)'の方が正しい言い方となります。

次の例も参考にしてください。

(d) I did*n't* know it [until yesterday].
(私はきのうまでそれを知らなかった)
(d)' It was *not* [until yesterday] that I knew it.
(私はきのうになってはじめてそれを知った)

(d)'は (d) を強調構文にしたものですが、It was *until yesterday* that I did*n't* know it. とは決して言いません。

POINT

〈any ～ not〉という語順は誤り。

104

「彼はうそをついていないと思う」の英訳として、次の二つの文のうちどちらが適切ですか？

(a) I think he did*n't* tell a lie.
(b) I do*n't* think he told a lie.

答と解説

(a) も文法的には成り立ちますが、(b) の方が普通の言い方です。

次のように覚えておいてもかまいません。

- **～ではないと思う = I don't think ～**

英語には、「重要な（文の意味を決める）要素はなるべく前に置く」という特徴があります。notなどの否定語は、文の意味を決めるのに決定的な影響を与える要素なので、なるべく前に出した方がよいのです。次の例も同様です。

(c) The police could find *nothing*.
(c)' The police could*n't* find *anything*.
　(警察は何も見つけられなかった)

(c) よりも、notを前に出した (c)'の方が自然な表現です。

なお、厳密に言えば (a) と (b) の間にはニュアンスの違いがあります。

(a) は「思う」と断言しているので、「彼はうそはついていないはずだ」という確信が感じられます。一方 (b) は「彼がうそをついているとは思えないのだが」といった程度の、やや自信のない言い方です。

POINT

notなどの否定語は、なるべく前に置く。

105

「明日は雨が降らないでほしい」の英訳として、次の二つの文はどちらも正しいですか？

(a) I hope it wo*n't* rain tomorrow.
(b) I do*n't* hope it will rain tomorrow.

答と解説

(b) は誤り。正しいのは (a) だけです。

次の例と比較してみましょう。

(c) I do*n't* think it will rain tomorrow.
（明日は雨は降らないと思う）

前問で示したとおり、動詞がthinkの場合はこれが適切な形です。つまり、「否定語を前に出す」ことができる動詞とできない動詞とがあるわけです。

(d) It does*n't* seem that he is ill.
（彼は病気ではないらしい）

think、suppose（思う）、seem（～らしい）などは、それ自体があまり強い意味を持たない動詞です。たとえば、I think it won't rain. だと「雨は降らない」と明確に否定することになりますが、I don't thinkとthinkの方を否定することで意味を和らげるという効果があります。

一方、hope, wish, fear（恐れる）など、それ自体強い意味を持つ動詞の場合、don't hope（望まない）と言えば、話し手の意志と逆になってしまいます（(a) では話し手は「(雨が降らないことを) 望んでいる」から）。(b) のような言い方ができないのは、そのためです。

POINT

notを前に出せない動詞もある。

106

「私の祖父は八十歳を超えています」の英訳として、次の二つの文はどちらも正しいですか？

(a) My grandfather is *older than* 80.
(b) My grandfather is *over* 80.

答と解説

実際には (a) も使われることがありますが、(b) の方が適切な言い方です。

(a) の問題点は、「A is older than B.」の形において、A (My grandfather) とB (80) とが「対等の形」になっていないことにあります。

大学入試の正誤判定問題などに、次のような間違った文がよく出てきます。

(c) The population of Japan is larger than Canada.
(×)(日本の人口はカナダよりも多い)

一般に比較級を使った文では、比較されるもの同士が対等の形でなければなりません。(c) を正しい文に直すと、次のようになります。

(c)' The population of Japan is larger than *that of* Canada. (○) 〈that＝the population〉

次の例でも、(d) よりも (d)'の方が適切な言い方です。

(d) The road is *wider than 10 meters.* (△)
(d)' The road is *more than 10 meters wide.* (○)
(その道路の幅は十メートル以上だ)

POINT

〈A＋比較級＋B〉の形では、AとBは対等の要素にする。

107

「彼の英語はこの春よりも上手になった」の英訳として、次の文は正しいですか？

(a) His English is better than this spring.

答と解説

はい。(a) は正しい文です。

「前問の説明と違うじゃないか」と思うかもしれませんが、(a) は正しい英語です。次の例で説明してみましょう。

(b) It is hotter *this summer* than *last summer*.
(今年の夏は去年の夏より暑い)

これは、正しい文です。「これだとItとlast summerを比較することになる」と考えるのは間違いです。(b) は、次の文の下線部が省略された形なのです。

(b)' It is hotter this summer than *it was* last summer.

つまり、比較されているのはthis summerとlast summerです。比較級を使った構文では、このように副詞 (句) 同士が比較されることもあります。次の例も同様です。

(c) You look better today than (you did) yesterday.
(君はきのうより今日の方が具合がよさそうだ)

そこで、(a) に次のように言葉を補ってみましょう。

(a)' His English is better *now* than *it was* this spring.

itはhis Englishを指しています。この文から下線部が省略されたと考えれば、(a)が正しいことが理解できるでしょう。ただし、比較されるもの同士の形をそろえる意味で、(a)'のit wasは省略しない方がベターです。

POINT

副詞 (句) 同士が比較された形に注意。

108

次の二つの文は、どちらも正しいですか？

(a) *He and I* are good friends.
(b) *I and he* are good friends.

答と解説

(b) も間違いではありませんが、(a) の方が自然です。

たとえば〈you, he, and I〉の語順は自然ですが、〈I, he, and you〉は不自然です。目の前の相手に敬意を払ってyouを最初に、また自分のことは謙遜してIを最後に置くのが、礼儀にかなった語順です。この語順は、ある程度機械的に当てはめることができます。たとえば「窓ガラスを割ったのは誰だ」という質問に対して、*Ken and I* did. と*I and Ken* did. のどちらが自然かと言えば、それは前者です（前者がケンを悪者にしようとしているとは解釈できません）。

なお、「私と友人」ならmy friend and Iが自然ですが、親しい間柄では、Iを最初に置く言い方もしばしば見られます。また、「私と息子」はしばしばI and my sonと言います。my son and Iだと、息子に礼を尽くすことになりかねません。次の例も参考にしてください。

(c) Let me introduce Mr. Ikeda to you.
（池田さんをご紹介します）

たとえ相手よりも池田氏の方が目上であっても、この文で誤ってMr. Ikedaとyouを逆にしないように。Would you introduce me to Mr. Ikeda?（私を池田氏にご紹介いただけますか）の場合も、下線部を逆にはできません。

POINT

人称代名詞は〈二人称→三人称→一人称〉の順に並べる。

109

「私のバイクは盗まれていた」の英訳として、次の文は正しいですか？

(a) I found *my bike stolen.*

答と解説

文法的には問題ありません。しかし、普通は次のように言います。

(b) I found (*that*) my bike had been stolen.

次の文との関連で考えてみましょう。

(c) My bike was stolen.

この文は、次の二通りに解釈できます。

①「私のバイクは（誰かに）盗まれた」

②「私のバイクは盗まれていた（そこにはなかった）」

〈= My bike had been stolen (by someone).〉

(a)は②の意味に対応していますが、my bike stolenの部分が時制を含まないので、時間関係があいまいです。

(d) I found my bike *being* stolen.

この文は、「私は自分のバイクが（誰かに）盗まれるところを見つけた」の意味であることが明確です。ただしこれも、I found [noticed] (that) my bike was being stolen. の方が普通の表現です。時間の関係を明確に表したいときは、時制を含む節の形を使う方が無難と言えます。

POINT

時間の前後関係は節を使って明確に表す方がよい。

ネイティブ英語の常識テスト④

次のそれぞれの英文に誤りまたは不適切な箇所があれば、訂正してください。なければ○をつけてください。

(1) ぼくは試験に落ちるかもしれない。
I'm afraid I might fail the exam.

(2) 私は釘を打っていて指にけがをした。
I got injured my finger while driving in a nail.

(3) 子供の頃父がよく動物園に連れて行ってくれた。
When a child, my father often took me to the zoo.

(4) その件は何とかしなければならない。
Something must be done with the matter.

(5) ドアに鍵をかけたかどうか確かめなさい。
Make sure whether the door is locked.

(6) 今週中にこの仕事を終えねばならない。

I have to finish this task within this week.

(7) 洗濯機が急に動かなくなった。

The washing machine has stopped moving suddenly.

(8) これはハナコの描いた水彩画です。

This is a watercolor Hanako drew.

(9) 彼が一等賞を取ったとは驚きだ。

It's surprising that he should have won first prize.

(10)「ビル、夕食ができたわよ」「わかった。すぐ行くよ」。

"Dinner is ready, Bill." "All right. I'm going soon."

ネイティブ英語の常識テスト④・解答

(1)【正解】○

mightはmayを控えめに言ったもの。「〜に失敗する」は〈fail in 〜〉ですが、「試験に落ちる」はfail an examと言います。

(2)【正解】got injured → injured

injureは「〜を傷つける」の意味の他動詞で、「私はけがをした」は、I got［was］injured. です。これだけで文の形を成しているので、その後ろにmy fingerのような名詞を置くことはできません。「私は指を傷つけた」は、I injured my finger. と表現します。

(3)【正解】When a child → When I was a child

when, if, thoughなどの節中で、〈S＋be動詞〉が省略されることがあります。たとえば、Though (*I was*) tired, I continued to work.（疲れていたけれど私は働き続けた）のように。この例ではI wasを省略してもtiredの主語はIだと解釈できますが、本問の場合はI wasを省略すると「父が子供だった頃」の意味になってしまいます。だからI wasは省略できません。

(4)【正解】with → about

「それを何とかしなければならない」は、We must do *something about* it. または*Something* must be done *about* it. と言います。What did you do *with* it?（それをどう（処理）したのか）などと混同しないように。

(5)【正解】whether → that

make sure whetherの形もまれに見られますが、「ドアに鍵をかけたということを確かめなさい」と考えて、thatを使うのが普通です。

(6)【正解】within → by the end of

withinの後には、期間の長さを表す言葉を置きます。within a week（1週間以内に）とは言いますが、this weekは一つの時点を表す言葉なので、within this weekとは言えません。by the end of this weekは「今週の終わりまでに」の意味です。

(7)【正解】moving → 削除

moveは文字どおり「動く（移動する）」の意味。単にstoppedで十分です。なお、「故障した」の意味ならstopped workingとも表現できます。

(8)【正解】drew → painted

鉛筆やペンを使って地図などを描く場合はdrawですが、絵の具で絵を描く場合はpaintを使います。

(9)【正解】○

正しい文です。shouldは驚きを表す助動詞で、日本語に訳す必要はありません。なお、first prize（一等賞）の前には、普通theをつけないのが慣用です。

(10)【正解】going → coming

英語では、「相手のところへ行く」ときはgoでなくcomeを使います。

PART5

英文の意味に関する素朴な疑問

英語を読んだり話したりするとき、ちょっとした疑問が起こることがよくあります。たとえば、Yokohama is larger than Osaka. という文のlargerは、「面積が大きい」「人口が多い」のどちらの意味だろうか？といった疑問です（答えは後者です）。この章では、紛らわしい英文の意味を区別したり、日本語を英語に直したりする際に役立つ考え方を紹介していきます。

110

次の二つの文には、意味の違いがありますか？

(a) *Is there anything the matter?*
(b) *What's the matter?*

答と解説

あります。違いを意識して訳し分けてみましょう。
(a) どこか具合が悪いのですか。
(b) どこの具合が悪いのですか。

(a) はYesかNoで答える疑問文で、話し手は相手の具合が悪いのかどうかを尋ねています。一方 (b) では、話し手は相手の具合が悪いことを既に知っており、「どこが悪いのか」と尋ねています。

したがって、(b) は次のような状況で使うのが自然です。

(b)' You look pale. <u>What's the matter?</u>
(顔色が悪いよ。どうかしたのかい)

この場合、下線部に (a) の形を使うのは不自然です。
なお、次のような形も覚えておきましょう。

(c) What's the matter *with* this TV?
(このテレビはどこか具合が悪いのかい)

同様に (b) はWhat's the matter *with* you? とも言えますが、この言い方は「君はどうかしているんじゃないか」という非難の意味を含むこともあります。

POINT
〈Yes/No疑問文〉と〈疑問詞で始まる疑問文〉とでは意味が違う。

111

Tom likes soccer, too. は、次のどちらの意味ですか？

① トムもサッカーが好きだ。
② トムはサッカーも好きだ。

もし両方の意味になりうるとしたら、どのようにして区別すればよいのですか？

答と解説

①②両方の意味になります。

この文が紙に書かれたものであれば、これだけでは区別はできません。しかし、普通は前後の文脈や状況から意味を区別することができます。

一方、この文が口に出して言われたものであれば、区別するのは簡単です。意味に応じて、強勢を置く位置が次のように異なるからです。

① Tóm likes soccer, too.
（トムもサッカーが好きだ）

② Tom likes sóccer, too.
（トムはサッカーも好きだ）

逆に言えば、自分でこの文を口に出して言うときは、伝えたい意味に応じて強勢を置く位置を変える必要がある、ということです。そもそもこの質問自体、質問者が紙の上でしか英語学習を行ってきていないことの証明と言えるでしょう。

POINT

意味の違いは、強勢を置く位置により判断できる。

112

「私は去年家を新築した」を、次のように英訳できますか？

(a) *I built* my house last year.

答と解説

できます。

「この英文は『自分で建築作業をした』という意味になるのではないか？」というのが、質問の趣旨でしょう。
しかし、この文は「家を建ててもらった」の意味で使うこともできます。「家を新築した」という日本語が、「自分で建築作業をした」という意味にならないのと同じです。

文の意味は普通、文脈やその場の状況によって決まります。この点は、英語も日本語も同じです。喫茶店で「コーヒーをください」をI am coffee. と言うのは間違いですが、それは英文の形の決まりから外れているためです。文の形が正しければ、意味はおのずと通じるものです。次の例も同様です。

(b) *Cut* your hair short.（髪を短く切りなさい）

この文は、Get your hair cut short.（髪を短く切ってもらいなさい）の意味で使えます。

(c) That shop *sells* accessories.
（あの店ではアクセサリーを売っている）

「売るのは店の人だから、They *sell* accessories at that shop. と言うべきではないか？」と思った人もいるかもしれませんね。しかし、この文は全く問題ありません。

POINT

自分が建築作業をしていなくても、I built a house. と言ってよい。

113

「私はマイホームを買いたい」の英訳として、次の文は正しいですか？

(a) I want to buy my home.

答と解説

いいえ。たとえば次のように訂正する必要があります。

(b) I want to have *a home of my own.*

この質問に対しては、「日本語の『マイホーム』は、英語ではa home of my ownと言う」という答え方もできます。しかし、(a)にはもっと本質的な誤りが含まれています。

buy my homeの意味を、よく考えてみましょう。my homeとは「自分が持っている家」ですから、それを「買う」と言うのは不自然です（sell my homeなら問題ありません）。これと同じ誤りの例を、もう一つ見てみましょう。

(c) My son managed to find *a* [×his] job.
（私の息子はどうにか就職できました）

たとえば「なくしていたカギを見つけた」という状況で、I found *my* key. と言うことはできます。しかし、「仕事（就職先）を見つけた」の意味でI found my job. とは言えません。もともと自分が持っていたjobではないからです。

(d) I've lost *weight* [×my weight] recently.
（私は最近やせました）

I've lost *my purse.* などと比較して考えればわかるとおり、weightの前にmyをつけると「体重を（全部）失った」の意味に解釈されます。

POINT

所有格をつけるかどうかの判断は、意味をよく考えて。

114

「私が乗るつもりだった列車は、もう出てしまっていた」の英訳として、次の文は正しいですか？

***My train* had already left.**

答と解説

はい、全く問題ありません。

質問の趣旨は、「my trainだと『私が持っている列車』の意味になるのではないか？」ということでしょう。しかし、「列車を所有している人」は常識的にあり得ないので、my trainと言えば「私が乗るつもりの列車」または「私が乗った列車」の意味になります。

同様に、たとえば*my photo*には次の三つの意味があります。

① 私が持っている写真（a photo of mine）
② 私が写っている写真（a photo of me）
③ 私が写した写真（a photo I took）

どの意味になるかは、そのときの状況や前後関係から判断します。これらの意味を形によって区別したいときは、上のカッコ内のように言えば誤解がなくなります。

一般に所有格は「所有している」という場合以外にも使います。ofについても同じことが言えます。たとえば、the invitation <u>of</u> *my friend*は「友人<u>が</u>招待すること」「友人<u>を</u>招待すること」の二通りに解釈できます。意味を取り違えないよう注意しましょう。

POINT

所有格には「所有」以外の意味もある。

115 Q

a photo of my fatherは、「父の持っている写真」「父が写っている写真」の両方に解釈できますか？

答と解説

いいえ。「父が写っている写真」の意味しかありません。

次の形と比較してみましょう。

(a) a photo of my father's

この形は前問のa photo of mineに相当し、「父の持っている写真」(または「父が写した写真」) の意味になります。一方、a photo of my fatherは前問のa photo of meに相当します。

ofの使い方を、もう一つ取り上げておきます。

(b) an English teacher

(b)' a teacher of English

(b)'は「英語の先生」の意味ですが、(b) には「英語の先生」「イギリス人の先生」の二通りの意味があります。では、次の場合はどうでしょうか。

(c) a Japanese teacher of English

これは「英語を教える日本人の先生」の意味であり、「日本語を教えるイギリス人の先生」の意味にはなりません。(b)'と同じように、teacher of Englishの部分が「英語の先生」を意味するからです。

POINT

〈A of B〉と〈A of B's〉とでは意味が違う。

116

次の二つの文には、意味の違いがありますか？

(a) *When* I was about to go out, it began to rain.
(b) *When* it began to rain, I was about to go out.

答と解説

実質的には同じ意味ですが、厳密には意味の重点の置き方が違います。

二つの文を訳すと、次のようになります。

(a) 私が出かけようとしたとき、雨が降り出した。

(b) 雨が降り出したとき、私は出かけようとしていた。

それぞれの文の意味の中心は、下線部（英文で言えば「主節」）にあります。実際の会話では、たとえば「朝起きて身支度をして朝食を食べて…」のような説明の後に続く文としては、(b) は明らかに不自然であり、(a) の方が適切と言えます。

(c) I was about to go out, *when* it began to rain.

このようにwhenの節を後ろに回した場合、二通りの解釈が可能です。一つは (b) と同じ解釈であり、もう一つはwhenを関係副詞（＝and then）と考える解釈です。その場合の訳は、「私が出かけようとしていたら、（ちょうど）そのとき雨が降り出した」となります。この場合は、前半と後半の両方に同程度の意味の重さがある、と考えられます。

POINT

主節と従属節の中身を入れ換えれば、意味の重点も変わる。

117

Who are you? とWhat is your name? とは、同じ意味ですか？

答と解説

同じ意味の場合と、そうでない場合とがあります。

相手の名前を尋ねるときは、どちらの形も使えます。返答はたとえばI'm Keiko. でもMy name is Keiko. でもかまいません。

一方、Who are you? は、相手の地位などを問う意味にもなります。たとえばWho is she? という質問に対しては、状況によってはShe is my boss.（彼女は私の上司です）という返答も考えられます。

以上は形の上からの違いですが、日常会話レベルではどちらも不適切な言い方です。相手の名前を尋ねる一般的な言い方としては、次の形を覚えておきましょう。

(a) *May I have your name, please?*

同様に相手のメールアドレスを尋ねるときは、*May I have your e-mail address, please?* と表現できます。

Who are you? だと「おまえは何者［どこの誰］だ」というぶしつけな感じになります。また、What is your name? も尋問口調であり、初対面の人に対して使ってはいけません。

POINT

Who are you? やWhat is your name? という言い方をしてはならない。

118

「私たちには携帯電話が二台以上必要だ」の英訳として、次の二つの文のうちどちらが適切ですか？

(a) We need *two or more* cellular phones.
(b) We need *more than two* cellular phones.

答と解説

(a) です。(b) は「三台以上」の意味になります。

日本語の「二以上」には「二」が含まれますが、英語のmore than twoは「二より多い」の意味であり、「二」は含まれません。したがって「二台以上の携帯電話」は、more than one cellular phoneまたはtwo or more cellular phones（二台あるいはそれ以上の携帯電話）と表します。

なお、次の形にも注意しましょう。

(c) I have *less than* 1,000 yen.
（私の持ち金は千円よりも少ない）

(d) I have *not more than* 1,000 yen.
（私の持ち金はせいぜい千円だ）

(d) のnot more thanは、more thanの逆の意味になるので、「（せいぜい）千円以下」ということです。

なお、たとえば「百人以上」の英訳は、more than 100 peopleでOKです。大きな数字の場合は、「○○以上［以下］＝more［less］than ○○」と訳してかまいません。

POINT

more than twoは「二以上」ではなく「三以上」。

119

Children under 6 are free. の意味は、次のどちらですか？

① 六歳以下の子供は無料です。
② 六歳未満の子供は無料です。

答と解説

②です。

理屈は前問と同様です。under 6と言えば、六歳は含まれません。「六歳以下の子供」は次のように表します。

- children *under* [*less than*] 7 years old
- children *of 6 and under*（六歳およびそれ未満の子供）

他の多くの前置詞についても、「その数字は含まない」ことの方が普通です。たとえば*over* ten peopleは*more than* ten peopleの意味であり、十は含みません。また、*after* March 1は「三月一日より後」の意味で、三月一日は含みません。

これに関連して、**till・until**（～まで）の使い方についても説明しておきます。たとえば、次の看板の意味は？

(a) Closed *until* Wednesday

直訳すると「水曜日まで閉店」ですが、この看板は普通「水曜日から開店」、つまり「火曜日まで閉店」の意味です。closedをnot openと言い換えればわかりやすいでしょう。ただし、Open *until* Wednesday の場合は、水曜日に開店しているのかどうかあいまいな面があります。

POINT

under・overの後に数字を置くとき、その数字は含まれない。

120

話し手が水曜日にI saw the movie last Monday. と言った場合、下線部は「今週(二日前)の月曜日」「先週の月曜日」のどちらの意味になりますか?

答と解説

「今週の月曜日」です。

lastは「この前の（最も近い）～」の意味なので、last Mondayは過去の直近の月曜日を指します。「先週の月曜日」と言いたい場合は、on Monday last weekのように表します。これはnextについても同様です。

ただし、季節の場合は事情が異なります。

(a) I'll go to America *next* summer.
（私は来年の夏にアメリカへ行きます）

(b) I'll go to America *this* summer.
（私は今年の夏にアメリカへ行きます）

(a) がたとえば二〇〇七年春の発言である場合、話者がアメリカへ行くのは二〇〇八年の夏と解釈するのが普通です。一方、*this* summerは「これから来る今年の夏（＝this coming summer）」または、「過ぎ去った今年の夏（＝this past summer）」の意味です。

なお、last night（昨夜）とは言いますが、次のようには言わない点に注意してください。

- *yesterday* [×last] morning（きのうの朝）
- *tomorrow* [×next] afternoon（明日の午後）

POINT

last・nextの表す意味の違いに注意。

121

Q

次の二つの文に、意味の違いはありますか？

(a) I'm *not as tall as* John.
(b) I'm *not taller than* John.

答と解説

あります。両者を訳すと、次のようになります。

(a)「私はジョンほど背が高くない」

(b)「私はジョンよりも背が高いのではない」

(a) は、I'm shorter than John.（私はジョンよりも背が低い）という意味です。私もジョンも身長170cmであれば、(a) は使えません。しかし、(b) は使えます。*more than* two peopleが「三人以上」の意味になるのと同様に、*taller than* John（ジョンより背が高い）は、「私とジョンが同じ身長である」場合を含みません。

not taller than Johnはその反対、つまり「ジョンと同じ身長か、またはジョンより背が低い」という意味です。

(b) は意味があいまいであり、「私はジョンよりも背が低い」と解釈する人よりも、「私はジョンと同じ身長だ」の意味に解釈する人の方が多いようです。このような言い方は、避けた方がよいでしょう。なお、次の形は慣用表現なので、上の説明は当てはまりません。

(c) I have *not more than* 2,000 yen with me now.
（今はせいぜい二千円しか持ち合わせていない）

POINT

〈not＋比較級＋than〉の形は、避ける方がよい。

122 Q

「私の息子(五歳)は君の息子さんの半分の年だ」の英訳として、次の二つの文はどちらも正しいですか?

(a) My son is half as *old* as your son.
(b) My son is half as *young* as your son.

答と解説

(b) は誤り。正しいのは (a) だけです。

次の二つの文を比べてみましょう。

(c) A is as *old* as B.

(d) A is as *young* as B.

(c) は、次の2つの意味に解釈することができます。

「AはBと同じくらい年寄りだ」

「AはBと同じ年齢だ」

一方 (d) には、次の意味しかありません。

「AはBと同じくらい若い」

一般に「as＋[形容詞]＋as 〜」の形では、「大きい」「多い」などプラスの意味を持つ形容詞を、単なる「尺度」の意味で使うことができます。たとえば、Mr. A is as tall as Mr. B. という文は、「A氏はB氏と同じくらいの背の高さだ」の意味を表し、二人の背の高さ低さに関係なく使えます。

この質問にあるような「倍数表現」では、尺度の比較と考えて、常にプラスの意味を持つ形容詞(ここではold)を使うのが正しいのです。

POINT

プラスの意味を持つ形容詞は、単なる尺度の比較にも使う。

123 Q

次の二つの文に、意味の違いはありますか？

(a) Mariko is *old enough* to get married.
(b) Mariko *is so old that* she can get married.

答と解説

はい。(a) は普通の文ですが、(b) は不自然です。

それぞれを日本語に直すと、次のようになります。

(a) マリコは結婚できるくらいの年齢だ。

(b) マリコはとても年寄りなので結婚できる。

マリコは (a) では若い女性を、(b) では高齢の女性を意味することになります。これは、(a) のoldが「～の年齢である」という意味であるのに対して、(b) のoldは「年寄りだ」の意味を表すからです。次の例と比較してみましょう。

(c) Mariko looks *young enough* to pass for a teenager.

(d) Mariko looks so *young that* she could pass for a teenager.

この二つの文は、どちらも「マリコはとても若いので十代で通用する」の意味です。

学校文法では、次のような「公式」を教えています。

- 〈enough＋to不定詞〉は、〈so ～ that … can〉の形で言い換えることができる。

しかし、(c) → (d) は正しくても (a) → (b) は間違いです。「公式」は、常に当てはまるわけではないのです。

POINT

「書き換えの公式」を無条件に当てはめてはいけない。

124

「肯定文にはsome、否定文や疑問文にはanyを使う」と習った覚えがあります。では、次の文でsomeが使われているのはなぜですか？

(a) Some people don't like sports.

（スポーツが好きではない人たちもいる）

答と解説

この質問への答えは、次のようになります。

①「強く読むsome」と「弱く読むsome」の二つがある。

②「someは肯定文で使う」というルールは、「弱く読むsome」にだけ当てはまる。

③(a)のsomeは「強く読むsome」だから、「someは肯定文で使う」というルールとは無関係である。

「弱く読むsome」とは、「いくつか［いくらか］の～」という意味（漠然とした数量）を表すものです。

(b) I have *some* English-Japanese dictionaries.
（私は英和辞典を何冊か持っています）

「強く読むsome」は、「ある～」「中には～のものもある」などの意味を表します。また、肯定文中で「どんな～でも」の意味を表すanyは、「強く読むany」です。

(c) I didn't go there for *sóme* reason.
（私はある理由でそこへは行かなかった）

(d) *Ány* dictionary will do.
（どんな辞書でもかまいません）

POINT

some・anyには、二つの使い方がある。

125

「お茶をもう少しいかがですか」の英訳として、次の二つの文はどちらも正しいですか？

(a) Would you like *some* more tea?
(b) Would you like *any* more tea?

答と解説

どちらも使えますが、(a) の方が無難です。

(a) (b) では、前問で言う「弱く読むsome, any」が使われています。したがって、「肯定文にはsome、否定文・疑問文にはanyを使う」というルールに照らせば、(b) を使うべきです。しかし、依頼や勧誘などの意味を持つ文で「相手に肯定の答えを期待するとき」は、someを使うのが普通です。

この例の場合、相手がイエスと答えることを前提としたsomeを使う方が、礼儀にかなった言い方です。anyを使うと「もう少しお茶がほしいですか、それともほしくないですか」といった意味になり、相手に失礼な感じを与えかねません。次の例も、イエスの答えを期待しています。

(c) Has *something* happened?
（何かあったのですか）

Has *anything* happened? だと「何かあったのですか、それとも何もなかったのですか」という意味になります。「何かあったのだろう」という前提で尋ねるときは、*something*を使う方が自然です。

POINT
肯定の返答を予想する疑問文では、anyでなくsomeを使う。

126 Q

any（どんな～でも）とevery（すべての）の区別がよくわかりません。両者は同じ意味ですか？

答と解説

同じ意味を表す場合と、そうでない場合とがあります。

(a) *Any* child like sweets.
（どんな子供も甘いものが好きだ）

(b) *Every* child like sweets.
（子供はみんな甘いものが好きだ）

この2つの文は、実質的に同じ意味と考えてかまいません。一方、そうでない場合もあります。everyは「すべて」ですが、anyは「どれ一つをとっても」の意味です。

(c) *Any* chair is OK.
（どんないすでもかまいません）

(d) *Every* chair is OK.
（いすはすべて大丈夫です［壊れていません］）

(c) は「どれか一つのいすを使いたい」、(d) は「全部のいすを調べている」という状況が考えられます。

(e) You may marry *anyone*［×*everyone*］you love.
（おまえが愛する人なら誰とでも結婚してよろしい）

結婚は誰か一人としかできません。*everyone*だと「愛する人全員と結婚する」という意味になってしまいます。

また、anyは過去形では使えません。たとえば*Everyone* cried. とは言えますが、*Anyone* cried. とは言えません。

POINT

anyは「任意の一つ」、everyは「すべて」。

127

「毎日」は、every dayのように二語に分けて書いてある場合と、everydayのように一語になっている場合があるようですが、意味の違いはありますか?

答と解説

あります。every dayは副詞、everydayは形容詞として使われます。

(a) I study English *every day.*〈副詞〉
(私は毎日英語を勉強しています)

(b) I study *everyday* English.〈形容詞〉
(私は日常英語を勉強しています)

同様に、everyoneとevery oneを比べてみましょう。

(c) *Everyone* knows his name.
(みんなが彼の名前を知っています)

(d) *Every one* of us knows his name.
(私たちのうちみんなが彼の名前を知っています)

一語のeveryoneはeverybodyと同じ意味ですが、oneの後にofがつくときは二語に分けます。また、every oneはI tasted *every* one.(私は全部を味見した)のように、人間以外についても使います。同様に、anyoneは常に人間を指しますが、any oneは「どれでも」などの意味で物についても使います。

なお複合名詞の場合は、air mail / airmail(航空便)のように、二語で書いても一語で書いても意味は変わりません。

POINT

every dayは「毎日」、everydayは「毎日の」。

128

次の二つの文に、意味の違いはありますか？

(a) *I'm sure of* his success.
(b) *He is sure to* succeed.

答と解説

はい、あります。

この質問は、次のように言い換えることもできます。

「『彼はきっと成功すると思う』の英訳として、(a) と (b) のどちらが適切ですか？」

その答えは、(b) です。なぜなら、(a) は次のどちらの意味なのかがあいまいだからです。

(c) I'm sure *that he will* succeed.

(d) I'm sure *that he* (*has*) succeeded.

sure (確信している) の対象は、現在・過去・未来のどの時間についても向けられます。したがって、(b) と (c) は同じ意味ですが、(a) が常に (c) を意味するわけではないのです。「彼はきっと成功すると思う」に対する適切な英訳は (b) または (c) であり、(a) は不適切です。

なお、次の文は問題ありません。

(e) There is little *hope of his recovery.*
(彼が回復する見込みはほとんどない)

hope (見込み) の後に置かれる語句は、常に未来のことを指すからです。

POINT

抽象名詞が示す時間の関係に注意！

129 Q

「クミコはクラスで一番かわいい」の英訳として、次の文は正しいですか？

(a) Kumiko is the prettiest of all her classmates.

答と解説

いいえ。次のどちらかに訂正する必要があります。

(a)' Kumiko is *the prettiest in her class.*

(a)" Kumiko is *prettier than her classmates.*

落ち着いて考えればわかりますが、(a) のall her classmates (彼女のすべてのクラスメイトたち) の中には、クミコ自身が含まれていません。だから、「その中で一番かわいい」という言い方は成り立たないのです。

学校で、こんな文を習いませんでしたか？

(b) Mt. Fuji is *higher than any other* mountain in Japan.
(富士山は日本の他のどんな山よりも高い)

もしもこの文にotherが欠けていると、「富士山は自分を含めた日本中のどの山よりも高い」の意味になるので、((a)とは逆の意味で) 誤りとなります。

(c) Kumiko is *the tallest of her* sisters. (△)
(クミコは彼女の姉妹のうちで一番背が高い)

これも、論理的に言えば「Kumikoはher sistersの中に含まれないので、*the* sistersとするのがよい」とされています。ただし実際には、(c) のような言い方もします。

POINT

比較する相手や集団の中に自分自身を含めるべきかどうかに注意。

130

「あの店は十時に開店します」の英訳として、次の二つの文はどちらも正しいですか？

(a) That shop opens at ten.
(b) That shop *is opened* at ten.

答と解説

(b) は誤り。正しいのは (a) だけです。

一般に受動態では、動作主（その動作を行う主体）が意識されています。次の文と比較してみましょう。

(c) That shop opens [*is opened*] next month.
（あの店は来月開店します）

この場合は、「店が（誰かによって）開かれる」という意味を意識すれば、受動態も使えます（現在形になっているのは、確定した予定だからです）。

一方、「十時に開店する」と言う場合、誰かが店の扉を開けるというようなイメージを考えることは普通ないので、受動態を使うと不自然に響きます。

なお、比較のために次の二つの文も見ておきます。

(d) That shop *closes* at ten.
（あの店は十時に閉店します）

(e) That shop *is closed* at ten.
（あの店は十時には閉店しています）

(e) は正しい文です（closedは形容詞）が、「閉店時刻が10時だ」という意味ではありません。

POINT

受動態と能動態のどちらを使うべきかに注意。

131

「門の前に一台の車が止まっていた」の英訳として、次の文は正しいですか？

(a) A car was stopped in front of the gate.

答と解説

いいえ。次のように訂正する必要があります。

(b) A car was *parked* in front of the gate.

つまり「正門の前に一台の車が駐車されていた」ということです。(a) は、「一台の車が正門の前で止められた」という意味です。たとえば守衛がその車に停車するよう指示した、という状況が考えられます。

では、次の文はどうでしょうか？

(c) A car *was stopping* in front of the gate.

この文は、「一台の車が正門の前で止まりかけていた」の意味です。質問の和文に対して日本人は (a) や (c) の誤訳を犯しがちですが、stopは「停止する」または「停止させる」の意味ですから、たとえばbe stoppedは「停止させられる」であって、「停止させられている」の意味ではありません。

なお、一般には次のように動作動詞の受動態が「状態」を表す例もあります(→Q88)。

(c) The bridge *is painted* white.

(その橋には白いペンキが塗られている)

POINT

受動態が動作・状態のどちらの意味を表すかに注意。

132 Q

次の二つの文は、どちらも正しいですか？

(a) Wine *is made of* grapes.

（ワインはぶどうから作られる）

(b) Grapes *are made into* wine.

（ぶどうはワインに加工される）

答と解説

文法的にはどちらも間違っていませんが、(b) は不自然な文です。

(a) も (b) も、現在形の文です。現在形は、一般的事実を表す場合に使います。(a) は「ワインは（一般に）ぶどうから作られるものだ」という意味であり、全く問題はありません。

しかし (b) は、「ぶどうは（一般に）ワインに加工されるものだ」という意味を表すことになり、不自然です。次のように訂正すれば、自然な文になります。

(b)' Grapes *can be made into* wine.

（ぶどうはワインに加工できる）

(a) (b) は、高校の参考書や受験問題集などでよく見かける文です。しかし、「文法的に正しい」ことと、「自然な英語である」こととは違います。

たとえば「私は歩いて通学します」の英訳は、I *go* to school *on foot*. よりもI *walk* to school. の方が普通です。こうした「より的確な言い回し」にも気を配るようにしましょう。

POINT

現在形は一般的事実を表すことに注意。

133

**(a)I saw a boy *shoplifting* a magazine.
という文は、次のどちらの意味ですか？**

① 私は雑誌を万引きしている少年を見た。
② 私は少年が雑誌を万引きしているのを見た。

答と解説

英文が示す事実は一つですから、どちらの意味に解釈してもかまいません。

学校の試験でどちらかの日本語訳を選ぶ必要があるなら、②がベターでしょう。しかしネイティブスピーカーがこの文を聞いたとき、「第5文型か、それとも第3文型（shoplifting以下がboyを修飾している）か？」のような区別を意識してはいません。

なお、一般に知覚動詞（see, hear, listen to, noticeなど）の後ろには〈O＋動詞の原形〉の形も置くことができます。

(b) I saw a boy *shoplift* a magazine.

(a) (b) の違いを意識して訳すと、次のようになります。

(a)「少年が雑誌を万引きしつつあるのが見えた」

(b)「少年が雑誌を万引きする行為が見えた」

こうした理屈の上での違いはありますが、実際にはこうした違いにこだわる必要はありません。〈help＋O＋to不定詞〉の形で、toの有無による意味の違いが辞書などには書いてありますが、これも意識する必要はないでしょう。

POINT

文型による意味の違いにあまり神経質になる必要はない。

134

Q

「私は本当に彼の行方を知らないのです」の英訳として、次の二つの文はどちらも正しいですか？

(a) I *really* don't know where he went.
(b) I don't *really* know where he went.

答と解説

(b) は和文の意味に合いません。正しいのは (a) だけです。

(b) は「私は彼の行方をよく知りません」の意味です。

副詞とnotの関係は、一般に次のように言えます。

- **not＋副詞 → notが副詞を否定する。**
- **副詞＋not → 副詞が（否定）文全体を修飾する。**

(a) のreallyは文全体を修飾しており、(b) は［NOT］＋［really know］、つまり「本当に知っている＋のではない＝よくは知らない」の意味になります。

ただし、こうした区別が当てはまらない副詞もあります。

(c) I *don't usually* eat breakfast.
（私はふだんは朝食を食べません）

この文は、I *usually don't* eat breakfast. と同じ意味です。ただし、どちらの言い方も回りくどいので、I *seldom*［*rarely*］eat breakfast. と表現する方が適切です。

(d) I *don't always* eat breakfast.
（私はいつも朝食を食べるわけではありません）

この文は、［NOT］＋［always eat］と解釈され、部分否定の意味を表します。一方、I always don'tとは言えません。「いつも朝食を食べない」は、I *never* eat breakfast. です。

POINT

副詞とnotの位置関係により意味が変わる。

135

「全員が会議に出席したわけではありません」の英訳として、次の二つの文はどちらも正しいですか？

(a) *All* the members *didn't* attend the meeting.
(b) *Not all* the members attended the meeting.

答と解説

(a)(b)は同じ意味ですが、(b)の方が誤解のない表現です。

All is *not* gold that glitters.(光るもの必ずしも金ならず)ということわざにもあるとおり、文法的には(a)も(b)も「部分否定」の文です。しかし、(a)は「全員が欠席した」の意味に誤解されるおそれもあるので、(b)の方が適切です。(b)は〈NOT＋[all～members]〉のようにnotが文全体を否定しており(その意味で「部分否定」という用語はミスリーディングです)、「『全部が～だ』というわけではない」の意味になります。

次の例も見ておきましょう。

(c) Both he and I didn't attend the meeting.(×)

この文は、よくありません。「彼も私も会議に出席しなかった」の意味なら、次のように言うのが普通です。

(d) *Neither* he *nor* I attended the meeting.(○)

では、「彼と私の両方が会議に出席したわけではない」ならどうでしょう？　Not both ～ と言えば、確かに部分否定の意味になります。しかし、そんな回りくどい言い方をしなくても、He attended the meeting, but I didn't. などで間に合います。部分否定の形をむやみに使わないようにしましょう。

POINT

部分否定の表現は、なるべく使わない方がよい。

ネイティブ英語の常識テスト⑤

次のそれぞれの英文に誤り、または不適切な箇所があれば、訂正してください。なければ○をつけてください。

(1) この絵は誰の作品ですか。
Who is this picture by?

(2) 彼が離婚したと聞いて私は仰天した。
I was astonished to hear his divorce.

(3) 彼女は私が一番好きな歌手です。
She is my most favorite singer.

(4) 私の家族は両親、兄、私です。
My family is my parents, my brother and me.

(5) 「遅れてごめんなさい」「大丈夫。時間は十分あるわ」
"I'm sorry I was late." "No problem. We have enough time."

(6) ハワイへは一回しか行ったことがありません。

I've only been to Hawaii once.

(7) 彼女は人前でスピーチをするのに慣れている。

She is used to make a speech in public.

(8) この小説はまるで面白くない。

This novel is far from interesting.

(9) 当地の気候は東京よりずっと温暖です。

The climate here is much milder than Tokyo.

(10) 私は毎晩寝る前に日記をつけている。

I keep a diary before going to bed every night.

ネイティブ英語の常識テスト⑤・解答

(1)【正解】○

Who is this picture painted by? という文から、慣用的にpaintedが省略された形です。

(2)【正解】hear → hear of［about］

hearの目的語となるのは音・声・言葉などであり、hear his divorceとは言えません。ofまたはaboutを入れて、「彼の離婚について聞く」という意味にします。

(3)【正解】most → 削除

favoriteは、それ自体が「一番好きな」の意味を表します。したがって、比較級や最上級にはできません。*more* perfect（より完全な？）と言えないのと同じです。

(4)【正解】is → consists of

consist ofは「～から成る」の意味です。Water consists of hydrogen and oxygen.（水は水素と酸素から成る）の下線部をisで置き換えられないのと同じ理屈です。

(5)【正解】I was → I'm

待ち合わせ場所に遅刻して着いたような状況では、現在形のI'm lateを使います。I'm sorry I *was* late. だと、過去に遅刻したことを謝っていることになります。

(6)【正解】○

副詞は近くのものを修飾するのが原則なので、onlyはonceの直前に置くのが合理的です。しかし、本問の位置でもonceに強勢を置いて読めば、onlyがonceを修飾していることが聞き手に伝わるので問題ありません。

(7)【正解】make → making

〈be used［accustomed］to ～〉(～に慣れている) のtoは前置詞なので、後ろに動詞の原形を置くことはできません。動名詞 (making) にするのが正しい形です。助動詞の〈used to (＋動詞の原形)〉(以前は～だった) と混同しないように。

(8)【正解】○

「前置詞 (from) の後に形容詞 (interesting) を置くことができるか？」という点が問題ですが、可能です。こうした例はしばしば見られます。たとえばregard him as *smart* (彼が利口だと考える)、give up the dog *for dead* (その犬を死んだものとあきらめる) など。

(9)【正解】Tokyo → that of Tokyo

元の文は、the climate here (当地の気候) とTokyoという都市とを比較することになるので誤りです。the climate of Tokyoと言う代わりに、下線部を代名詞のthatで表し、「東京のそれ［気候］」という形にします。

(10)【正解】keep → write

keep a diaryは「日記をつける習慣を持っている」という意味であり、日記帳に書き込む行為を意味するわけではありません。「日記を書いている」と解釈して、write (またはwrite in) を使うのが正しい言い方です。

PART6

名詞の単複と冠詞の使い方

「私はクラシック音楽が好きです」をI like the classic music. と英訳するような誤りを、日本人は犯しがちです（theは不要）。「名詞の単数・複数」や「冠詞」は、日本語にはない概念であり、日本人が最も苦手とする分野でもあります。しかし、最低限必要なことは知っておきたいものです。この章では、これらの分野に関する多岐にわたる項目の中から、日常的なコミュニケーションのために特に重要なポイントを取り上げます。

136

「私は小説を読むのが好きです」の英訳として、次の二つの文のうちどちらが適切ですか？

(a) I like reading a novel.
(b) I like reading novels.

答と解説

(b) です。

可算名詞を使って一般的なことを表す場合、その語が目的語の位置にあるときは、複数形にするのが普通です。たとえば「私は犬好きです」は、I like *dogs*. が最も普通の言い方です。本問の場合も、「小説を読むという行為一般が好きだ」という抽象的な意味になので、複数形のnovelsを使います。

なお、次のような場合は事情が違います。

(c) I like reading *a novel* in a train.
　(私は列車の中で小説を読むのが好きです)

この場合は、「列車の中で読む」という具体的な行為がイメージされています。列車の中で読む小説は普通一冊なので、この文ではnovelsよりもa novelの方が自然です (novelsと複数形にすると、「列車の中で何冊も小説を読む」という意味に解釈されます)。

ところで、(c) のnovelがnewspaperであった場合、冠詞はaとtheの両方があり得ます。aを使えば「複数の新聞の中からその都度どれか一つを選んで読む」、theを使えば「いつも読んでいる○○新聞を読む」という意味になります。

POINT

一般的なことについて可算名詞を使う場合は、I like dogs. のように「無冠詞複数形」にする。

137

「私は果物が好きです」の英訳として、次の二つの文のうちどちらが適切ですか？

(a) I like *fruit*.
(b) I like *fruits*.

答と解説

(a) です。

fruitは集合名詞の一種で、「果物一般」の意味を表す場合は単数形にします。複数形にするのは、果物の種類に言及するときだけです。

(c) Eating too much *fruit* [×many fruits] makes you fat.
(果物を食べ過ぎると太るよ)

(d) I bought various *fruits* at the store.
(私はその店でいろんな果物を買った)

fishも集合名詞として使い、「私は魚が好きだ」はI like *fish*. と単数形で表します。また、種類に言及しないときは複数形もfishです。

(e) I caught five *fish* [×fishes].
(私は5匹の魚をつかまえた)

food (食べ物) も集合名詞で、「多くの食べ物」はmuch foodと言います。ただし、「食品」の意味では普通名詞扱いです。

(g) These are genetically modified *foods*.
(これらは遺伝子組み替え食品です)

これらの名詞は普通名詞と混同しやすいので、特に注意が必要です。

POINT

fruitやfishは、原則として複数形にしない。

138 Q

「彼には友達が一人もいない」の英訳として、次の二つの文はどちらが適切ですか？

(a) He has no *friend*.
(b) He has no *friends*.

答と解説

(a) も間違いではありませんが、(b) の方が普通です。

「一つ［一人］も～ない」の意味のnoの後に可算名詞を置く場合、次の原則を覚えておきましょう。

① 単数で存在するのが普通のもの ⇒ no＋単数形
② 複数で存在するのが普通のもの ⇒ no＋複数形

友達は普通複数いるものなので、no friendsと複数形にします。次の例も同様です。

(c) He has no *wife*. (彼には妻がいない)

(d) He has no *children*. (彼には子供がいない)

(c) では、wifeは必ず単数形にします (妻は普通一人だから)。(d) の「子供」や「兄弟」「姉妹」の場合は、複数形にするのが通例です。

(e) Do you have any *brothers* or *sisters*?
(兄弟姉妹はおありですか)

なお、複数の子供を産むのが常識の社会では (d) でchildrenと言うのが普通ですが、少子化で一人っ子の家庭が普通になれば、childと単数形で表す方が自然に感じられるかもしれません。

POINT

「通例複数で存在するもの」は、複数形で表す。

139

「その難民たちには住む家がない」の英訳として、次の二つの文はどちらも正しいですか？

(a) The refugees have no *house* to live in.
(b) The refugees have no *houses* to live in.

答と解説

はい、どちらも正しい文です。

文法書にしばしば出てくる、「ネコにはシッポがある」という文を考えてみましょう。

(c) Cats have *a tail*.

(d) Cats have *tails*.

この場合、一般には (c) が適切とされます。(d) だと、「それぞれのネコが二本以上のシッポを持っている」という解釈の余地が生じるからです。(c)のような単数形を、「配分単数」と言います。この質問の場合（The refugeeが一家族ならもちろんhouseと言うべきですが）、各家族が持つ家は普通一つと考えられるので、(c) にならってhouseを単数形にします。

ただし、言葉というものは必ずしも理屈できれいに割り切れるものではありません。「それぞれのネコは一本ずつのシッポを持っている」の意味で、(c) の代わりに (d) を使うネイティブ・スピーカーも大勢います（一つには、tailsが発音しやすい単語だからです。Cats have *tails*. と言うネイティブでも、Cats have *mouths*. とは普通言わないでしょう）。

この質問の場合、(d) にならって (b) を使うことは可能です。ただ、「配分単数」の考え方は知っておく方がよいでしょう。

POINT

「一人につき一つ」のものは、単数形で表す。

140

「ほとんどの若者が携帯電話を持っている」の英訳として、次の三つの文のうちどれが適切ですか？

(a) Most young people have *a cellular phone.*
(b) Most young people have *cellular phones.*
(c) Most young people have *their cellular phone.*

答と解説

どれも文法的には成り立ちますが、(b) が最も自然です。

これらはどれも正しい文ですが、意味は少しずつ違います。

前問の説明に従えば、「配分単数」の考え方によって、(a) が適切なのではないか？ と思うかもしれません。しかし、実際には「一人で二台以上の携帯電話を持っている若者」も相当いるはずです。(a) は「一人が一台ずつ持っている」の意味を表すので、事実に合いません。

(c) は、theirに違和感があります。たとえば「私には兄がいます」はI have *a* brother. であり、I have *my* brother. とは言いません。(c) のtheirをtheir own（自分自身の）の意味に解釈することはできますが、若者の携帯電話の使用料は親が払っていることも多いので、わざわざ「自分の携帯電話」と言うのは不自然です。

ところで、(a) と (b) のように「一人が一台ずつ持っているかどうか」によって単複の判断を下すのは面倒です。そこで、主語の単複に機械的に一致させた (b) の形が、実際には好まれる傾向があります。

POINT

単複の判断がつきにくければ、主語に一致させてよい。

141 Q

「ニンジンは野菜です」の英訳として、次の二つの文はどちらが適切ですか？

(a) Carrots are *a vegetable.*
(b) Carrots are *vegetables.*

答と解説

(b) です。

「ニンジンは野菜の一種だから、(a) が正しいのではないか？」と考える人もあるかもしれませんが、英語ではこのような場合は機械的に複数に一致させます。

ところで、次の場合はどうでしょうか。

(c) What I need now *is* time and money.
（ぼくに今必要なのは、時間とお金だ）

「単複を一致させる」という観点から言えば、「isよりもareの方がよいのではないか？」という考えも浮かびます。しかし、(c) ではisが普通です。「関係代名詞のwhatで始まる節は単数扱い」という文法上のルールもありますが、実際にこの文が作られる思考プロセスを考えてみましょう。たとえば、What I need now is time. と言おうとして、「いや、時間だけでなく金も必要だ」と思い直した場合、What I need now is time … and money. と後から付け加えることになります。このときisは既に言葉として発しているので、areに訂正することはできない理屈になります。

なお、(c) のSとCを逆にすれば、動詞はareになります。

(c)' Time and money *are* what I need now.

POINT

動詞の形は主語の単複に機械的に一致させてよい。

142

「丘の上に一軒の古いホテルがある」の英訳として、次の二つの文はどちらも正しいですか？

(a) *An* old hotel *is* on the hill.
(b) *There is an* old hotel on the hill.

答と解説

(a) は誤り。正しいのは (b) だけです。

次の二つの文を比較してみましょう。

(c) *The* [×An] old hotel is on the hill.
((その) 古いホテルは丘の上にある)

(d) There is *an* [×the] old hotel on the hill.
(丘の上に (一軒の) 古いホテルがある)

theとanの違いに着目してください。Thereで始まる文は、普通次のような形になっています。

- **There is [are] ○○ 場所. = ～に○○がある**

この形は、「○○」に当たるものを相手に初めて提示する働きを持っています。したがって、「○○」は聞き手にとって新しい情報（新情報）でなければなりません。逆に、「～がある」という意味の新情報を提示するときには、必ずThereで始まる形を使います。

この例では、ホテルのことを始めて話題に出す状況が想定されるので、ホテルは新情報です。したがって、(b) の形を使うのが正しいのです。

なお、新情報にtheや所有格がつくことはありません(→Q144)。

POINT

There is the ～. という形はない！

143 Q

「私は一人っ子です」の英訳として、次の二つの文のうちどちらが適切ですか？

(a) I'm *an* only child.
(b) I'm *the* only child.

答と解説

(a) です。

学校では「onlyの前には常にtheをつける」と習うのが普通ですが、この場合はそうではありません。only child（一人っ子）を一つの普通名詞と考えた場合、「私は（世間にたくさんいる）『一人っ子』のうちの一人です」という意味を表したいなら、I'm an only child. が正しい言い方です。

ただし、次のように限定する言葉がついていれば、anでなくtheを使います。

(c) I'm *the* only son of the Tanaka family.
（私は田中家の一人息子です）

次の例と比較すると、さらにわかりやすいでしょう。

(d) Mr. Ikeda is *an* executive of the company.
（池田氏はその会社の重役です）

(e) Mr. Ikeda is *the* president of the company.
（池田氏はその会社の社長です）

(d) は「池田氏はその会社の重役のうちの一人だ」ということです。一方、「その会社の社長」はただ一人に特定できるので、(e) は*the* presidentとなります。

POINT

theは「一つ［一人］に特定できるもの」の前につける。

144 Q

「私は四人兄弟(姉妹)の末っ子です」の英訳として、次の二つの文のうちどちらが適切ですか?

(a) I'm the youngest of *four children.*
(b) I'm the youngest of *the four children.*

答と解説

(a) です。

普通、最上級に続くofの後の複数名詞にはtheをつけます。

(c) He's the tallest of <u>*the*</u> three boys.
(彼は三人の男の子のうちで一番背が高い)

この例では、theが必要です。theがないと「どの三人」なのかが特定されないので意味をなしません。別の言い方をすれば、話し手にも聞き手にも*the* three boysがどの三人を指すかが既に了解されている、ということです。

一方、質問の文が「私の家は四人兄弟で、私はその末っ子なのです」という意味を表したいのであれば、four childrenの前にtheをつけてはいけません。なぜなら、聞き手にとってfour childrenは初めて聞く情報(新情報)だからです。

文法書の例文には、(b) のようなtheのつく文の方がよく出てきます。しかし「初めて提示すること」にtheはつけません。

たとえば「映画に行く=go to the movies」のように覚えていると、「私はよく映画に行きます」をI often go to *the* movies. のように言いがちですが、このtheは不要です。

POINT

「初めて提示すること」にはtheはつけない。

145

「私は息子の通う学校へ行った」の英訳として、次の二つの文のうちどちらが適切ですか？

(a) I went to *school* that my son attend.
(b) I went to *the school* that my son attend.

答と解説

(b) です。

go to schoolは「学校へ通う」の意味であり、schoolは教育機関を表す抽象的な意味で（抽象名詞的に）使われています。一方、質問の文では「学校」が具体的な物（建物）としてイメージされているので普通名詞扱いとなり、theがつきます。普通名詞を無冠詞単数形で使うことはできません。
同様の例を挙げておきます。

(c) It takes ten minutes to walk from the station to *the* school.
（駅から学校まで歩いて十分かかります）

「歩いて学校へ行く」はwalk to schoolですが、(c) では学校が（駅との対比で）具体的なものとしてとらえられているので、schoolは普通名詞扱いとなります。

(d) We crossed the river *by boat.*
（私たちは船でその川を渡った）

(e) We crossed the river *by a small boat.*
（私たちは一艘の小船でその川を渡った）

(d) ではboatが交通手段を表す抽象的な意味を持ち、by boatは「船（という手段）で」の意味です。一方、(e) は具体的な一艘の小船を意味するので、aがつきます。

POINT

抽象的な意味を表す名詞にはtheをつけない。

146 Q

「横浜は港で有名な都市です」の英訳として、次の二つの文のうちどちらが適切ですか？

(a) Yokohama is *a* city that is famous for its port.
(b) Yokohama is *the* city that is famous for its port.

答と解説

(a) です。

「関係詞によって限定された名詞には必ずtheがつく」と理解している人もいるようですが、それは間違っています。

(c) He is *a* singer I like very much.

(d) He is *the* singer I like very much.

(c) の下線部は「不特定の一人の歌手」を、(d) の下線部は「特定の一人の歌手」を示します。つまり、(c) は「彼は私が大好きな複数の歌手のうちの一人だ」、(d) は「彼が私が大好きなただ一人の歌手だ」という意味です。

(e) *The* [×A] movie that I saw yesterday was exciting.
(私がきのう見た映画は面白かった)

この文でaを使うと、「私がきのう見た複数の映画のうち一本は面白かった」という解釈は可能ですが、その場合はa movieでなくone of the moviesと言うのが普通です。

この質問の場合、「港で有名な都市」は世界中にたくさんあり、横浜はそのうちの一つだ、ということですから、the cityとするのは間違いです。

POINT

関係詞の前の名詞に常にtheがつくわけではない。

147

次の文の意味についての質問です。
(a)This is a dictionary (that) I bought yesterday.
(これはきのう買った辞書です)
この文は「これはきのう買った何冊かの辞書のうちの一冊です」という意味になるのですか？

答と解説

いいえ。そういう意味にも解釈できますが、「きのう買った辞書」が1冊であってもこの文は使えます。

前問の文を、もう一度見てみましょう。

(b) Yokohama is *a* city that is famous for its port.
(横浜は、港で有名な都市です)

この文では、*a* cityはone of the citiesの意味、つまり「同類のもののうちの一つ」を表します。

一方、たとえばThis is *a* pen. のaは、「初めて話題にするもの」を表します。(a) の*a* dictionaryもその意味だと考えれば、「複数の辞書のうちの一冊」と解釈する必要はありません。

なお、a, anには、総称的に「～というもの」の意味を表す用法もあります。

(c) *A* child whose parents are dead is called an orphan.
(両親が亡くなっている子供は、孤児と呼ばれる)

(a) や (c) からわかるとおり、〈a＋名詞 ＋関係詞〉の形が常に「～のうちの一つ」という意味を表すわけではありません。

POINT

初めて話題にする可算名詞の前には、a・anをつける。

148

「君が探していたカギはこれかい？」の英訳として、次の文は正しいですか？

(a) Is this your key you've been looking for?

答と解説

いいえ。yourをtheに変える必要があります。

(a) は、学校文法では普通「keyの後ろに関係代名詞のthatが省略されている」と説明されます。

関係代名詞の基本的な働きは、「名詞の意味を限定する」ことにあります。the red carのred (形容詞) がcarの意味を限定するのと同様に、the car (that) I bought last month (私が先月買った車) の下線部は、carの意味を限定しています。逆に言えば、carだけでは意味が広すぎて、どの車を指すのかがわからないからこそ、形容詞や関係代名詞で意味を絞り込む必要があるわけです。

この質問の場合、the key (そのカギ) だと、もっと意味を限定しないとどのカギを指すのかがわかりません。しかし、your keyは特定の一つのカギを指しており、これ以上意味を限定する言葉を補う必要はありません。your keyの後に関係詞節を置けないのは、そのためです。

(b) I live in Tokyo, *which* is the biggest city in Japan.
(私は日本最大の都市である東京に住んでいます)

この文には、カンマが必要です。カンマがないとwhich以下がTokyoの意味を限定し、「いくつかある『東京』のうち、日本最大の都市である東京」という意味になります。

POINT

一つに決まる名詞の後には、意味を限定する関係詞節は置けない。

149

「メンバーは全員その案に賛成だった」の英訳として、次の二つの文はどちらも正しいですか？

(a) *All members* were in favor of the plan.
(b) *All the members* were in favor of the plan.

答と解説

どちらでもかまいません。

「(a) だと『世の中のすべてのメンバー』という意味になるのではないか？」という疑問が沸くかもしれませんが、「特定の全部」を表すallの後のtheは、省略されることがあります。なお、「メンバー全員」はall of *the* membersとも言えますが、all of membersとは言えません。

なお、次の例ではtheは省略しません。

(b) He is the tallest of all the players.
（彼は全選手のうちで一番背が高い）

比較のために、次の例も見ておきましょう。

(c) *Most Japanese* know the singer's name. (○)
(c)' *Most of the Japanese* know the singer's name. (△)
(c)" *Most of Japanese* know the singer's name. (×)
（ほとんどの日本人がその歌手の名前を知っている）

(c)"のようにofの後にtheがない表現は誤りです。同様に、*both* (of my) parentsは可能ですが、*both of* parentsは誤りです。(c)'は文法的には成り立ちますが、〈most of the ～〉の形は「特定の集団内の大部分」の意味なので、日本人一般について言う場合は (c) が適切です。

POINT

allの後のtheは、省略されることがある。

150

「今日は仕事がたくさんある」の英訳として、次の二つの文はどちらも正しいですか？

(a) I've got a lot of *works* today.
(b) I've got a lot of *jobs* today.

答と解説

(a) は誤り。正しいのは (b) だけです。

なお、jobには「職業」の意味もあるので、「作業、任務」の意味ならtasksが使えます。また「することがたくさんある」の意味なら、things to doも自然な言い方です。

workは、「日本人が誤りやすい不可算名詞」の代表格です。「作品」の意味では*a work* of art（芸術作品）のように普通名詞扱いですが、「仕事」の意味のworkは、aをつけることも複数形にすることもできません。

同様に、可算名詞と混同しやすい不可算名詞には、**baggage**（荷物），**news**（知らせ），**information**（情報），**lunch**（昼食），**weather**（天気）などがあります。

(c) I had *lunch* [×a lunch] with her.
（私は彼女と一緒に昼食をとった）

(d) I don't like *hot weather* [×a hot weather].
（暑い天候は好きではありません）

(e) He gave me *two pieces of information* [×two informations].（彼は私に二つの情報をくれた）

逆に、aを落としやすい名詞もあります。たとえば<u>a</u> **fire**（火事）や、<u>a</u> **headache**（頭痛）などです。

POINT

可算名詞と不可算名詞の区別に注意。

151

「大学に行く」の英訳を辞書で調べると、しばしばgo to collegeまたはgo to the universityと書いてあります。theの有無はどのように判断すればよいのですか？

答と解説

丸暗記するのが手っ取り早いと思います。

この種の慣用表現におけるtheの有無については、しばしば英米間で違いがあります。たとえば、「入院する」を辞書で調べると、普通次のように書いてあります。

(a) enter *the* hospital《米》

(b) enter hospital《英》

イギリス英語でtheが省略されているのは、hospitalを建物ではなく「医療の場」という抽象的な意味でとらえているからです。この場合は「theはあってもなくてもよい」と覚えておいて支障はありません。一方、同じ理屈のgo to school（通学する）の場合は、決して*the* schoolとは言いません。

「大学に行く」の場合も、《英》ではgo to universityが普通です。《米》ではtheをつけますが、しばしばgo to collegeとも言います。go to *the* collegeとは普通言いません。

なお、次の例にも注意しておきましょう。

(c) What's *on TV* [*on the radio*] now?
（今テレビ［ラジオ］では何をやっていますか）

(d) Turn down *the TV*, please.
（テレビの音量を下げてください）

POINT

慣用表現のtheの有無は、丸暗記するのがよい。

152

次の文は、どちらも正しいですか？

(a) *How good* a chance you missed！

（君は何と大きなチャンスを逃したのか）

(b) *How good* English you speak！

（君は何と上手な英語を話すのか）

答と解説

(a) は正しく、(b) は誤り (How→What) です。

次の二つの言い換えを比較してみましょう。

(c) *What a pretty doll* this is！（○）

→ *How pretty a doll* this is！（○）

（これは何てかわいい人形だろう）

(d) *What pretty dolls* these are！（○）

→ *How pretty dolls* these are！（×）

（これらは何てかわいい人形たちだろう）

つまり「〈How＋形容詞＋a［an］＋名詞〉の形では、a［an］が必要だ」ということです。抽象名詞についても同様です。

(e) *What*［×How］beautiful hair she has！

（彼女は何て美しい髪の持ち主だろう）

〈副詞＋形容詞＋a［an］＋名詞〉の語順をとる副詞には、howのほかas, so, tooなどがあります。これらについても同様です。たとえばtoo expensive *a* book（高価すぎる本）とは言えても、too expensive booksとは言えません。

POINT

「how・as・so・too＋形容詞＋a［an］＋名詞」の形では、a［an］が常に必要。

153 Q

「私はこの病院の職員です」の英訳として、次の二つの文はどちらも正しいですか？

(a) I'm *a staff* at this hospital.
(b) I'm *a staff member* at this hospital.

答と解説

(a) は誤り。正しいのは (b) だけです。

同種類のものの集合体を表す名詞を「集合名詞」と言います。baggage (荷物), furniture (家具), machinery (機械類) などは大学入試にもよく出題されますが、staff (職員団) もその仲間です。Im a staff. と言えないのはそのためです。

日本人が誤りやすいその他の集合名詞の例を示します。

(c) *The police are* looking into the case.
(警察はその事件を調査している)

個々の警官はa policeman [police officer] ですが、the policeは集合体としての警察を指し、常に複数扱いです。

(d) There was *a large audience* in the hall.
(ホールには大勢の観客がいた)

audienceは集合名詞なので、many *audience*と言うことはできません。

eliteも、誤りやすい語です。この語は普通*an elite* businessmanのように形容詞として使うか、*the elite*の形で「エリート層」の意味を表します。He is a member of *the elite.* (彼はエリート集団の一員だ) はOKですが、He is an elite. という言い方は避けるのが無難です。

POINT

集団を表す名詞には、a [an] をつけてはならない。

154

「0.8㎞」の英訳として、次のどちらが正しいですか？

(a) zero point eight *kilometer*
(b) zero point eight *kilometers*

答と解説

正しいのは、(a) です。

数字の後ろに「単位」を表す言葉を置く場合、数字の大きさによって、次のように単複を使い分けます。

- **1以下の数字**の後では、**単数形**を使う。
- **1より大きい数字**の後では、**複数形**を使う。

0.8は1以下の数字なので、kilometerは単数形にします。「1.8㎞」なら、one point eight *kilometers*となります。mile、gram、literなどの単位についても同様です。

また、「1時間半」は、an hour and a halfまたはone and a half *hours*と言います。後者は「[1＋0.5] 時間」という形なので、複数形 (hours) を使います。

なお、次の違いにも注意しておきましょう。

- 100 *dollars* (百ドル)
- 100 *yen* (百円)

通貨の単位についても、1より大きい数字の後では複数形を使うのが原則です。ただしyen (円) は、複数形もyenです (yensという形はありません)。

POINT

「1より大きい数字」の後の名詞は、複数形にする。

155 Q

men's shoes(紳士靴)を、man's shoesと言ってはいけないのですか?

答と解説

はい。普通はmen'sを使います。

原則としては、次のように考えることができます。

(a) a driver's license (運転免許証)

(b) a children's hospital (小児科病院)

(a) のdriverが単数形なのは、一枚の免許証を持つのは一人だからです。(b) のchildrenが複数形なのは、複数の子供たちが一つの病院に来るからです。男性向けの商品を売る店をmen's shopと言うのも同様です。

では、men's shoesの場合はどうでしょうか? 一人の男性が1足の靴をはくのだから、上の理屈に従えばman's shoesの方が合理的な言い方のはずです。

しかし商品としての1足の靴は、すべての男性向けのものです。このような意識が働いて、複数形のmenが使われているのだと考えられます。

また、「女性向け雑誌」はwomen's magazineですが、woman's magazineとも言います。women'sは読者としての女性全体を意識した言い方であり、woman'sは一人の女性が1冊の雑誌を読む点を意識した言い方です。

このように「A's B」型の成句におけるAの単複の使い分けは厳密ではなく、一つひとつ覚えるのがよいでしょう。

POINT

「A's B」型の表現では、Aは単数・複数の二つの場合がある。

ネイティブ英語の常識テスト⑥

次のそれぞれの英文に誤り、または不適切な箇所があれば、訂正してください。なければ○をつけてください。

(1) このリンゴは半分腐っている。
The half of this apple is rotten.

(2) 彼は何とたくさんの本を持っているのだろう。
How many books he has !

(3) 私は赤ワインより白ワインの方が好きです。
I prefer white wine to red one.

(4) 彼は一日に十時間以上働いた。
He worked more than ten hours in a day.

(5) 私はメールでデータを送るのに苦労しています。
I have a trouble sending the data by e-mail.

(6) 通りの両側に車が駐車してある。

Cars are parked on either side of the street.

(7) 私たちは一日中迷子の猫を探し回った。

We spent the whole day to look for the missing cat.

(8) 彼は持ち金を全部競馬に使った。

He spent his all money on horse racing.

(9) A氏はその選挙で市長に当選した。

Mr. A was elected mayor in the election.

(10) 日本人は勤勉な国民だと言われています。

The Japanese are said to be an industrious people.

ネイティブ英語の常識テスト⑥・解答

(1)【正解】The → 削除

〈half of ～〉の前にはtheはつけません。all of my friends（私の友人たち全員）のallの前にtheがつかないのと同じです。

(2)【正解】○

〈how＋形容詞＋a［an］＋名詞〉の形では、原則としてa［an］が必要です（→Q152）。しかし本問の場合は、how manyの部分が慣用的な結びつきになっているので、what manyとは言いません。

(3)【正解】red one → red（wine）

たとえば、I prefer that brown tie to this blue one.（私はこの青いネクタイよりあの茶色いネクタイの方が好きです）は正しい文です（one＝tie）。しかし、oneは不可算名詞を受けることができないので、wineの代わりにoneを使うことはできません。単にredとするか、wineを繰り返してred wineと言う必要があります。

(4)【正解】○

inを省いてももちろん正しい文になりますが、このままでもかまいません。厳密に言えば、ten hours in a dayは「一日の間に十時間」、ten hours a dayは「一日につき（＝毎日）十時間」ですが、本問ではinがあってもなくても実質的な意味は変わりません。

(5)【正解】a → 削除

trouble（苦労）は不可算の抽象名詞なので、aはつけられません。

(6)【正解】○

eitherには、「どちらか一方（の）」のほか「両方（の）」の意味があります。*Either* will do. と言えば「どちらでもかまいません」の意味です。ただし、either sideは「片側」の意味にも解釈しうるので、誤解を避けるためにはboth sidesと言う方がベターです。

(7)【正解】to look → looking

〈spend＋時＋～ing〉の形で、「～して（時）を過ごす」の意味を表します。

(8)【正解】his all money → all his money

〈全部の金〉はall the money。his（所有格）はtheに準ずる働きをするので、all his moneyが正しい語順です。なお、〈spend＋金（額）＋on ～〉で「～に（金）を費やす」の意味を表します。

(9)【正解】○

mayor（市長）は可算名詞ですが、冠詞は不要です。「身分、官職などを表す名詞が補語になるときは、（抽象的な意味を持つため）冠詞は省略される」というルールがあるためです。He is *captain* of our team.（彼は私たちのチームの主将です）などもその例です。

(10)【正解】○

the Japaneseは、Japanese peopleの意味です。一般に「the＋形容詞＝～の人々」です（例：the handicapped＝handicapped people（障害を持つ人々））。また、本問のpeopleは「国民、民族」の意味で、可算名詞扱いとなります。

PART7

「紛らわしい表現」の使い分け

「『料金』の意味を表すpriceとchargeとfareはどう使い分けるのか？」といった知識は、大学入試などでもよく問われます。この章ではそうした単語レベルの意味の識別にとどまらず、より汎用性の高い文法や語法に関して、日本人が間違いやすい「紛らわしい表現」のうち重要なものを取り上げていきます。

156

「私は六年間この小学校で学びました」の英訳として、次の二つの文はどちらも正しいですか？

(a) I *learned* at this school for six years.
(b) I *studied* at this school for six years.

答と解説

(a) は誤り。正しいのは (b) です。

日本人はしばしば、「learn＝学ぶ」「study＝勉強する」のような覚え方をしており、studyの方がレベルの高い学習を意味すると理解しています。しかし、learnとstudyとの間には、意味だけでなく用法上の違いもあります。

(a) が誤っているのは、learnを自動詞として使っているからです。learnの基本的な意味は「～を修得する」で、*learn* English (英語を学ぶ) のように他動詞として使うのが普通です。*learn* quickly (物覚えが早い) など自動詞として使う場合もありますが、(a) のような形でlearnを自動詞として使うことはできません。一方studyは「勉強する」という意味の自動詞として使うことができるので、(b) は正しい文です。

類例を一つ出しておきます。「私は結婚したい」を、I want to *marry.* と英訳することはできません。marryは「～と結婚する」という意味の他動詞だからです。I want to *get married.* なら文法的に成り立ちます。このように、意味の面だけでなく「その形が文法的に可能かどうか？」を判断することが大切です。

POINT

文法的に成り立つかどうかの判断を忘れずに。

157

「息子が早稲田大学に受かりました」の英訳として、次の文は正しいですか？

(a) My son passed Waseda University.

答と解説

いいえ。たとえば次のように訂正すべきです。

(b) My son passed *the entrance examination* of Waseda University.

(息子が早稲田大学の入試に受かりました)

あるいは、My son *entered* Waseda University.(息子が早稲田大学に入学した)と言ってもかまいません。

日本語の直訳が通用するかどうかは個別に判断するしかありませんが、英語に慣れるにしたがって「この言い方は少し変だな」と感じ取れるようになります。これに似た例は、数多く挙げることができます。

(c) May I *use* [×borrow] the bathroom?

(トイレをお借りできますか)

borrowは移動不可能なものには使えません。

(d) Will you please *tell* [×teach] me the way to the station? (駅へ行く道を教えてもらえますか)

teachは「知識や技能を教える」こと。道を「教える」とは「知らせる」ことなので、tellやshowを使います。なお、tellは口で説明する場合に、showは連れて行ったり地図を書いて教える場合に使います。

POINT

〈動詞＋名詞〉の慣用的な結びつきに注意。

158

「私はビールをたくさん飲んだ」の英訳として、次の二つの文のうちどちらが適切ですか？

(a) I drank *much* beer.
(b) I drank *a lot of* beer.

答と解説

(b) です。

これも、学校英語による弊害の典型的な例です。丸暗記中心主義だと、どうしても「many, muchはa lot ofやlots ofで言い換えられる」というところで学習がストップしてしまい、実際に使われる英語とのギャップが生まれます。

次のように覚えておきましょう。

	肯定文	否定・疑問文
much	原則として使わない	使う
a lot of	使う	あまり使わない

特に、(a) のように肯定文中の目的語をmuchで修飾することはまれです。manyについてもおおむね同様ですが、muchほど極端ではありません。「私は大勢の友人を持っている」はI have *a lot of* friends. が普通ですが、I have *many* friends. という言い方もします。否定文や疑問文では、much, manyを使う方が普通です。

(c) Did you drink *much* [△a lot of] beer?
(あなたはたくさんビールを飲みましたか)

POINT

肯定文（特に目的語の位置）では、muchよりもa lot ofやlots ofを使う方がよい。

159

「彼にはぼくよりもずっと多くの女友達がいる」の英訳として、次の二つの文のうちどちらが適切ですか？

(a) He has *many more* girlfriends than I.
(b) He has *much more* girlfriends than I.

答と解説

(a) です。

(b)は、学校英語を丸暗記した人によく見られる誤りです。文法の参考書などには、「比較級はmuchで強調する」としばしば書いてあります。たとえば、次のように。

(c) His car is *much more expensive* than mine.
（彼の車は私の車よりもずっと高価だ）

文法的に説明するなら、この文のmuchは形容詞（more expensive）を修飾する副詞です。一方質問文の場合、〈□＋more girlfriends〉の形で□に入る語は、more girlfriendsという複数の名詞を修飾することになります。〈much＋複数名詞〉という形は文法的に誤りなので、manyが正しいことになります。(a)のmanyをたとえばtwoに置き換えると「ぼくよりも<u>二人</u>多くの女友達」となります。つまりmanyはgirlfriendsを修飾する数詞と同じ働きをしているのであって、比較級（more）を強調しているわけではありません。なお、名詞が不可算のときは、当然manyではなくmuchを使います。

(d) He has *much more money* than I.
（彼は私よりずっと多くの金を持っている）

POINT

〈much more＋複数名詞〉という形はない。

160

「海へ釣りに行く」の英訳として、次の三つはどれも正しいですか？

(a) go fishing *to* the sea
(b) go fishing *in* the sea
(c) go fishing *by* the sea

答と解説

(a)(b)は誤り。この中では、正しいのは(c)だけです。

まず、(a)が誤りである理由を次の例で説明してみましょう。

(d) go shopping *at* [×to] the market
(市場へ買い物に行く)

この形は、〈go＋shopping at the market〉という構造です。*at* the marketはshoppingを修飾し、「市場で買い物をする」という意味を含んでいます。*to* the marketとした場合、この語句はgoを修飾することになって、shoppingとmarketとの関係が切れてしまいます。その結果「買い物しながら市場へ行く」というおかしな意味に感じられてしまうのです。

次に、和英辞典では「海へ釣りに行く」の英訳として普通(b)を示していますが、多くのネイティブ・スピーカーは(b)を認めません。*in* the seaだと、文字どおり「海の中で釣りをする」の意味になります。*by* the sea(海のそばで)はOKです。また、船で釣りをするなら*on* the seaと言えます。あるいは、go fishing *at the beach*でもよいでしょう。なお、go to the sea *for* fishingは、容認度の低い表現です。

POINT

go ～ing(～しに行く)の後ろにtoは置かない。

161

Q

「30分後にこちらから電話します」の英訳として、次の三つの文はどれも正しいですか？

(a) I'll call back *after* 30 minutes.
(b) I'll call back *in* 30 minutes.
(c) I'll call back 30 minutes *later*.

答と解説

(a) と (c) は誤り。正しいのは (b) だけです。

現在を基準にして「今から〜たって［たてば］」の意味を表す前置詞は、afterではなくinです。afterは過去や未来の時点を基準にするときに使います。

(d) I called back *after 30 minutes*.
（私は三十分後に折り返し電話をした）

また、(c) のようには言えない点に注意しましょう。〈数詞＋later〉の形は、現在を基準にしては使えません。数詞がないものや、過去を規準にしているものはOKです。

(e) I'll call back *later*.
（後で電話します）

(f) I called back *30 minutes later*.
（私は三十分後に折り返し電話をした）

なお、時を表す「誤りやすい前置詞」を補足しておきます。

(g) He arrives *on* [×in] the morning of August 10.
（彼は八月十日の午前中に到着します）

(h) I first met her *during* [×in] the tour.
（私はその旅行で初めて彼女に会った）

POINT

「今から〜後に」を表す前置詞はafterでなくin。

162

「ハンマーで釘を打つ」の英訳として、次の二つはどちらも正しいですか？

(a) drive a nail *by* a hammer
(b) drive a nail *with* a hammer

答と解説

(a) は誤り。正しいのは (b) だけです。

withは「〜を使って」、byは「〜によって」としばしば訳しますが、これだけでは区別がはっきりしませんね。

withは「動作に使う（具体的な）道具や材料」を表します。

(c) write *with* a pen（ペンで書く）

(d) kill him *with* a gun（彼を銃で殺す）

一方byが「手段」を表す場合、後ろに置くのは交通や通信の手段を表す抽象的な名詞です。

(e) go *by* car（車で行く）

(f) send data *by* e-mail（電子メールでデータを送る）

たとえば (e) のcarは「車という手段」という抽象的な意味を表すので、冠詞や所有格などはつけません。次の例ではcarが具体的な物として扱われているので、byは使えません。

(g) Let's go *in* [×by] my car shall we?
（私の車で行きましょう）

また、byの後には動名詞を置くことがあります。その場合はwithは使えません（具体的な物ではないから）。

(h) He makes a living *by* [×with] *writing* novels.
（彼は小説を書いて生計を立てている）

POINT

by（〜によって）の後には抽象的な名詞を置く。

163

「私は七時半ごろ家を出ました」の英訳として、次の二つの文はどちらも正しいですか？

(a) I left home *at about 7:30.*
(b) I left home *about 7:30.*

答と解説

はい、どちらも正しい言い方です。

時刻・期間・距離などを表す名詞句は、しばしば前置詞なしで副詞として働くことができます。

(c) I waited *an hour.* (私は一時間待った)
(d) We've been married *five years.*
(私たちは結婚して五年になります)
(e) I drove *ten miles.* (私は車で十マイル走った)

また、新聞やニュースなどでは、*on* Monday (月曜日に) と言うべきところを、前置詞を省略して単にMondayと表現するのが普通です。

本問の場合、「私は七時半に家を出ました」はI left home *at* 7:30.であり、このatは省略できません。しかし、aboutが前につくと、このaboutが前置詞的に感じられるため、前置詞 (at) を省略することができるのです。

一方、時刻・距離などとは違う意味の場合は、前置詞を省略すると文法的に誤りとなります。たとえば、次の例ではforは省略できません。

(f) I bought the used CD *for* about 1,000 yen.
(私はその中古CDをおよそ千円で買った)

POINT

時刻や距離を表す語句の前置詞は省略可能。

164

「私はなくしていたカギを見つけた」の英訳として、次の二つの文はどちらも正しいですか？

(a) I've *found* the missing key.
(b) I've *found out* the missing key.

答と解説

(b) は誤り。正しいのは (a) だけです。

これは、受験生によく見られる誤りの一つです。〈find out＝見つけ出す〉のように機械的に暗記していると、こうしたミスを犯すことになります。

find outは、調査や研究を通じて情報や事実を見つけ出す場合に使い、物を「見つける」という意味では使いません。

(c) The police *found out* that he took the bribe.
（警察は彼が賄賂を受け取ったことを探り出した）

この種の区別が必要な表現の類例を挙げておきます。

(d) I *know of* [×know] him, but I've never met him.
（彼のことは知っているが、会ったことはない）

know ofは間接的に知っている場合、knowは直接知っている場合に使います。

(e) I can't *believe* him.
（私は彼の言うことが信じられない）

(f) I can't *believe in* him.
（私は彼（の人柄）を信頼できない）

POINT

前置詞・副詞の有無による意味の違いに注意。

165

「窓から外を見る」の英訳として、次の二つはどちらも正しいですか？

(a) *look out* the window
(b) *look out of* the window

答と解説

はい、どちらも正しい言い方です。

次の例を見てみましょう。

(c) The button came *off.*
(ボタンが取れた)

(d) The button came *off* my jacket.
(上着のボタンが取れた)

(c) のoffは副詞ですが、(d) ではoffが前置詞として使われています。このように、副詞は時に前置詞としても使われます。次の例も同様です。

(e) The glass fell *off* (from) the table.
(コップがテーブルから落ちた)

(e) では、fromがなければoffは前置詞であり、fromがあればoffは副詞だと説明できます。

(f) climb *up* a ladder (はしごを登る)

(g) look *up* at a star (星を見上げる)

(f) のupは前置詞であり、(g) のupは副詞です。(g) をlook up a starのようには言えない点に注意してください。また、look *out* (*of*) the windowはOKですが、go *out* *of* the room (部屋を出る) のofを省略することはできません。

POINT

副詞が前置詞として使われることがある。

166

次の文は、どちらも正しいですか？

(a) He *got on it.* (彼はそれに乗った)
(b) He *put on it.* (彼はそれを着た)

答と解説

(a) は正しく、(b) は誤りです。

(b) は、He put it on. が正しい言い方です。これは、二つのonの違いによります。

●get [on] (〜に乗る) = 〈動詞＋[前置詞]〉
●put [on] (〜を着る) = 〈動詞＋[副詞]〉

次の二つの文を比較してみましょう。

(c) He got on the bus. [×He got *the bus* on.]
(彼はバスに乗った)

(d) He put on his coat. [○He put *his coat* on.]
(彼はコートを着た)

put on (副詞) の場合は、目的語 (his coat) をonの前にも後にも置けます。しかしget on (前置詞) では、「前置詞」という名前のとおり、必ず「on＋目的語」の順にします。

一方、(b) からわかるとおり、put on型の表現では「代名詞の目的語」は必ず副詞の前に置きます。

(e) He made a plan, but finally gave *it* up.
(彼は計画を立てたが、結局それをあきらめた)

POINT

「動詞＋副詞」型の表現では、代名詞の目的語はその間にはさむ。

167 Q

「私は空港で友人を見送った」の英訳として、次の二つの文はどちらも正しいですか？

(a) I saw *off* my friend at the airport.
(b) I saw my friend *off* at the airport.

答と解説

(a) は誤り。正しいのは (b) だけです。

前問のルールを、もう一度確認してみましょう。

(c) He took off *his hat.* (○) / He took *his hat* off. (○)
(彼は帽子を脱いだ)

(d) He took off *it.* (×) / He took *it* off. (○)
(彼はそれを脱いだ)

take off (〜を脱ぐ) は、「動詞＋副詞」型の表現です。したがって、(d) のitのような「代名詞の目的語」は、必ず「動詞＋代名詞＋副詞」の語順で使います。このルールは、take off・put on (〜を着る), give up (〜をあきらめる), put off (〜を延期する) などに当てはまります。

しかし、see off (〜を見送る) の場合は、目的語が名詞であっても、see *my friend* offのように動詞と副詞の間に置きます。これは、「友人が離れる (off) のを見る」のような意味になる、つまりoffが補語的に感じられるからです。次の例も同様です。

(e) I'll take *Monday* off. (○) / I'll take off *Monday.* (×)
(月曜日に休みをとるつもりだ)

POINT

see a friend offのように、「動詞＋名詞＋副詞」の順でなければならない表現もある。

168

「明日は一日中家にいます」の英訳として、次の二つの文はどちらも正しいですか？

(a) I'll stay *home* all day tomorrow.
(b) I'll stay *at home* all day tomorrow.

答と解説

はい。どちらも正しい表現です。

homeは、名詞としても副詞としても使うことができます。

(a) I want to have a *home* of my own.
(私はマイホームがほしい)〈home＝名詞〉

(b) I've got to go *home*.
(もう帰らなくちゃ)〈home＝副詞〉

副詞のhomeは、(b) のように動作動詞と結びつけて使うのが普通です。

一方、houseには名詞の意味しかありません。では、(b) のgo *home*をgo to *my house*と言い換えることができるでしょうか? その答えはノーです。houseが「建物」としての家を指すのに対して、homeは「家族の生活の場」つまり「家庭」の意味が含まれます。そこで、たとえばleave *home*は通勤などのために家を出る場合にも使いますが、「子供が独立して家を出る」「家出する」の意味にもなります。

なお、come from *abroad* (外国から来る) やgo from *here* to *downtown* (ここから繁華街へ行く) なども、副詞が名詞として使われた例です。

POINT

homeなどの副詞は、名詞として使う場合もある。

169

「私は以前大阪に住んでいた」の英訳として、次の二つの文はどちらも正しいですか？

(a) I *once* lived in Osaka.
(b) I lived in Osaka *once*.

答と解説

(b) は意味が違います。英訳として正しいのは (a) です。

(a) I *once* lived in Osaka.
(私は以前大阪に住んでいた)

(c) I've been to Osaka *once* (before).
(私は大阪へ (以前) 一度行ったことがある)

このように、onceは (a) の位置では「以前」、(c) の位置では「一度」の意味を表します。したがって (b) は「私は一度大阪に住んだ (ことがある)」という意味になります。

このように、位置によって意味の変わる副詞があります。

(d) He went there *alone*. (彼は一人でそこへ行った)
(e) He *alone* went there. (彼だけがそこへ行った)
(f) Tom is *only* a child. (トムはまだほんの子供だ)
(g) Tom is an *only* child. (トムは一人っ子だ)

(e) のalone (〜だけ) に注意。聖書に出てくる、Man shall not live by bread *alone*. (人はパンのみにて生くるにあらず) も、これと同じ用法です。

なお、一般に副詞は文中のいろんな位置に置かれますが、He told kindly me the way. (×) のようにVとOとの間に置くことは、原則としてできません。

POINT

置く位置によって意味が変わる副詞がある。

170

Have you ever visited the museum?（その博物館を訪れたことがありますか）に対して「ええ、何度もあります」と返答する場合、次のどちらが適切ですか？

(a) Yes, I have. I've visited *there* several times.
(b) Yes, I have. I've visited *it* several times.

答と解説

(b) です。

visitは普通「～を訪れる」の意味の他動詞として使うので、visit itのように代名詞を使うのが正しい言い方です。質問の文がthe museumでなくHawaiiのような広い場所であっても、理屈は同じです。ただしその場合は、I have *been there* several times. の方が自然な返答でしょう。

なお、次の文にも注意してください。

(c) *Where*［×What］did you visit in Kyoto?
（あなたは京都でどこを訪れましたか）

この質問に対する返答は、たとえばI visited Gion.（祇園を訪ねました）です。下線部は名詞なので、文法上の理屈ではwhat（疑問代名詞）を使うべきところですが、普通はwhereで尋ねます。*What places* did you visit? などはもちろん可能です。

一方、leaveのように自動詞（出発する）・他動詞（～を発つ）の両方の意味を持つ動詞の場合は、leave thereともleave itとも言えます。

POINT

visitは他動詞なので、visit thereは不自然。

171

Q

「明日7時に必ずここへ来なさい」の英訳として、次の四つの文はどれも正しいですか？

(a) *Never fail* to come here at seven tomorrow.
(b) *Don't fail* to come here at seven tomorrow.
(c) *Don't forget* to come here at seven tomorrow.
(d) *Be sure* to come here at seven tomorrow.

答と解説

(a) は誤り。(b) は文法的には問題ありませんが、少しきつい言い方です。普通の会話で適切なのは、(c) と (d) です。

(a) の〈never fail to〉は端的に言えばalwaysの意味であり、一回限りの行為に用いることはできません。

(e) She *never fails to* send me e-mails every day.
（彼女は毎日必ず私にメールを送ってくれる）

この文ではsendは繰り返し行う行為なので、OKです。

(b) の〈Don't fail to〉は、命令口調に響きます。(c) は「忘れずに来なさい」の意味で、普通に使われる言い方です。(d) の〈be sure＋to不定詞〉は「必ず～する（だろう）」の意味です。

(f) He *is sure to* come.（彼はきっと来るだろう）

なお、参考までにeverの語法にも触れておきます。

(g) I have *once*［×ever］lived in Nagoya.
（私は以前名古屋に住んでいたことがある）

everは肯定文中でこのように使うことはできません。

POINT

neverは一回限りの行為には使えない。

172

「きみの好きなようにその仕事をしてよい」の英訳として、次の二つの文はどちらも正しいですか？

(a) You can do the job *the way* you like.
(b) You can do the job *in the way* you like.

答と解説

どちらも正しい文ですが、(a) の形がよく使われます。

(a) は、(b) のinが省略された結果、*the way*がas（〜のように）の意味を表す接続詞として使われた例です。次の例も前置詞の省略と考えられます。

(c) He spoke *the same way* as I did.
（彼は私の話し方と同じように話した）

(d) We've got to win *one way or another.*
（我々は何としても勝たねばならない）

(e) *This way* he became a millionaire.
（こうして彼は百万長者になった）

また、wayには次のようなさまざまな使い方があります。

(f) I don't like *the way* he speaks. 〈the way = how〉
（私は彼の話し方が気に入らない）

(g) This temple goes *way* back to the 16th century.
（この寺の起源ははるか十六世紀にまでさかのぼる）

(g) のwayは、「はるかに、非常に」の意味の副詞です。

POINT

wayには名詞以外の使い方もある。

173

「私の職場は駅から遠い」の英訳として、次の二つの文はどちらも正しいですか？

(a) My office is *far* from the station.
(b) My office is *a long way* from the station.

答と解説

(a) も誤りではありませんが、(b) が普通の言い方です。

手元の辞書で確認してみてください。語法の説明が詳しい辞書なら、「*far*は肯定文では（普通）使わない」と書かれているはずです。否定文や疑問文なら問題ありません。たとえばMy office *isn't far* from the station. は正しい文です。また、具体的な数字の後にfarを使うのも誤りです。

(c) My office is two miles *away* ［×far］ from the station.
（私の職場は駅から二マイル離れている）

前後の環境に応じて用法が異なる語は、多数あります。

(d) He ate *almost* ［×nearly］ *nothing*.
（彼はほとんど何も食べなかった）

almostもnearlyも「ほとんど」の意味ですが、*nearly*は否定語の前には置けません。

(e) Tell me the way to the *neaby* ［×near］ station, please.（近くの駅へ行く道を教えてください）

*near*は、場所を表す名詞の前には置けません。しかし、the *nearest* station（最寄りの駅）とは言えます。また、in the *near* future（近い将来に）も可能です。

POINT

同じ語が、周囲の語句との関連によって使えたり使えなかったりする場合がある。

174

たとえば「十個の箱」はten boxesですが、「数十個の箱」は英語で何と言うのですか？

答と解説

dozens of **boxes（または*some tens of* boxes）と言います。**

学校で習う「概数を表す表現」の代表は、*hundreds of* 〜（数百の〜）と*thousands of* 〜（数千の〜）です。では、「数万の〜」は何と言うでしょう？

(a) *Tens of thousands of* people came to the stadium.
（何万人もの人がスタジアムに来た）

この理屈から考えると、「何十もの〜」はtens of 〜 と言ってもよさそうですが、そういう言い方はしません。代わりにdozen（ダース）を使って、*dozens of* 〜と言います。

では、「百数十個の箱」は、何と言えばよいでしょうか？これは、*100-odd* boxesのように表現できます。*odd*は「余分の」の意味です。「二十数年」なら20-*odd* yearsです。「百個＋数十個」と考えて、100 *and some tens of* boxesと表現することもできます。

また、somethingも次のように使える便利な言葉です。

(b) He is 30 *something.*（彼は三十いくつだ）
(c) 40-*something* percent（四十数パーセント）
(d) That tower is 30 meters *and something* tall.
（あの塔は三十数メートルの高さだ）

POINT

「およその数」を表す言い方に慣れておくこと。

175

「遅れるかもしれない。タクシーに乗ろう」の英訳として、次の文は正しいですか？

(a) We might be late. Let's get on a taxi.

答と解説

いいえ。次のように訂正すべきです。

(b) We might be late. Let's *take* a taxi.

get onは「(乗り物に) 乗る」という動作を表しますが、ここでは「タクシーを使おう」という状況なので不適切です。「タクシーに乗って行く」は、*take* a taxiと言います。なお、*get on* [*off*] はバスや列車に乗る [降りる] ときに使い、タクシーなど小型の車のときは*get into* [*out of*] を使います。

この種の「日本語からの直訳」による間違いは、非常によく見られます。たとえば「昨日は雨だったので、釣りはあきらめた」を、次のように英訳するのは間違いです。

(c) It rained yesterday, so I gave up fishing. (×)

(c)' It rained yesterday, so I *gave up going fishing.* (○)

give up smokingが「禁煙する」の意味であるように、gave up fishingは「釣りという趣味をやめる」の意味になります。

(d) I persuaded him to come with me, but faild. (×)

(d)' I *tried to persuade* him to come with me, but faild.

(私と一緒に来るよう彼を説得したが、失敗した)

persuadeは、説得した結果が実現したことを意味します。失敗したのなら、(d)'のように「説得しようとした」と言うべきです。

POINT

動詞が表す意味の理解は正確に。

ネイティブ英語の常識テスト⑦

次のそれぞれの英文に誤り、または不適切な箇所があれば、訂正してください。なければ○をつけてください。

(1) あなた方は結婚してどれくらいになりますか。
How long have you married?

(2) 誰かがドアをノックするのが聞こえましたか。
Did you hear someone knocking the door?

(3) その金はなくしたものと考えた方がいい。
You should regard the money to have gone.

(4)「私は休日はめったに外出しません」「私もです」
"I seldom go out on holidays." "So do I."

(5) このアパートは私たちが住むには狭すぎる。
This apartment is too narrow for us to live in.

(6) 困ったことに私の時計は五分遅れている。

The trouble is my watch is five minutes late.

(7) テレビゲームは子供たちには大いに害がある。

Video games give a lot of harm to children.

(8) バスの中に傘を忘れてきてしまった。

I've forgotten my umbrella in the bus.

(9) 私は丸善にその本を五部注文した。

I ordered five copies of the book to Maruzen.

(10) 私は生きた魚は料理できません。

I can't cook alive fish.

ネイティブ英語の常識テスト⑦・解答

(1)【正解】married → been married

marryは「～と結婚する」という意味の他動詞です(→Q156)。「結婚している」はbe marriedなので、これを現在完了形(have been married)にします。

(2)【正解】knocking → knocking on [at]

「～をノックする」と言う場合、knockの後ろに前置詞(on, at)が必要です。なお、この文は疑問文ですが、someoneはこのままで問題ありません(→Q125)。

(3)【正解】to have gone → as gone

〈regard A as B〉の形で、「AをBだと考える[みなす]」の意味を表します。asの後には形容詞や分詞を置くこともできます。なお、似た意味のconsiderは、〈consider A to be B〉の形で使いますが、to beの代わりにasも可能です。

(4)【正解】So → Neither

相手の言葉に相づちを打って「私もまたそうです」と言う場合、肯定文なら〈So+V+S〉、否定文なら〈Neither+V+S〉という形を使います。seldom(めったに～ない)を含む文は否定文とみなし、後者の形を使います。

(5)【正解】narrow → small

narrowは「幅が狭い」の意味。「面積が狭い」はsmallで表します。

(6)【正解】late → slow

時計が「進んで［遅れて］いる」は、fast, slowで表します。

(7)【正解】give → do

〈do harm ［good］ to ～〉で「～に害［利益］を与える」の意味。この表現では、giveは使えません。

(8)【正解】forgotten → left

forgetには「持って行く［来る］のを忘れる」の意味があり、I've *forgotten* my umbrella.（傘を忘れてきてしまった）と言うことはできます。しかし、場所を表す語句を伴うときはforgetは使えず、*leave* an umbrella *at* home（家に傘を置き忘れる）のように言います。

(9)【正解】to → from

〈order A from B〉で「AをBに注文する」の意味です。

(10)【正解】alive → live

形容詞には、a big houseのように名詞を修飾する用法と、This house is big. のように補語になる用法とがあります。一般にa-で始まる形容詞（asleep, afraid, alive, awakeなど）は、後者の形でしか使えません。「生きている魚」はlive fishと言います（liveは形容詞で、発音は「ライブ」）。

著者略歴

小池 直己（こいけ・なおみ）

立教大学卒業、広島大学大学院修了。カリフォルニア大学ロサンゼルス校（UCLA）の客員研究員を経て、就実大学人文科学部実践英語学科教授・同大学大学院教授。NHK教育テレビ講師も務める。「放送英語の教育的効果に関する研究」で日本教育研究連合会より表彰を受ける。著書は、『3時間でマスター！ 新TOEICテストの英熟語』『3時間でマスター！ 新TOEICテストの英会話』『3時間でマスター！ 新TOEICテストの英文法』『3時間でマスター！ 新TOEICテストの英単語』（いずれもソフトバンク クリエイティブ刊）など280冊以上にのぼり、累計刊行部数は300万部に達する。

佐藤 誠司（さとう・せいし）

1981年東京大学英文科卒業、英数学館高校教諭、広島英数学館講師、研数学館、東進ハイスクールを経て、現在、佐藤教育研究所を主宰。主な著書に『英語力テスト1000』（PHP文庫・共著）など。

ソフトバンク新書　076

知《し》らないと恥《はじ》をかく！ ネイティブ英語《えいご》の常識《じょうしき》175

2008年5月26日　初版第1刷発行

著　者：小池《こいけ》 直己《なおみ》　佐藤《さとう》 誠司《せいし》

発行者：新田光敏

発行所：ソフトバンク クリエイティブ株式会社
〒107-0052　東京都港区赤坂4-13-13
電話：03-5549-1201（営業部）

装　幀：松 昭教
本文組版：クニメディア株式会社
印刷・製本：図書印刷株式会社

落丁本、乱丁本は小社営業部にてお取り替えいたします。定価はカバーに記載されております。
本書の内容に関するご質問等は、小社学芸書籍編集部まで書面にてご連絡いただきますようお願いいたします。

ISBN978-4-7973-4430-1